BIBLIOTHÈQUE DES VOYAGEURS

THÉODORE DE BANVILLE

LES PAUVRES

SALTIMBANQUES

PARIS

MICHEL LÉVY FRÈRES, ÉDITEURS

RUE VIVIENNE, 2 BIS

—

1853

260

LES PAUVRES

SALTIMBANQUES

BIBLIOTHÈQUE DES VOYAGEURS
à 1 franc le volume.

PARIS. — TYP. SIMON RAÇON ET Cie, RUE D'ERFURTH, 1.

LES PAUVRES

SALTIMBANQUES

PAR

THÉODORE DE BANVILLE

PARIS

MICHEL LÉVY FRÈRES, ÉDITEURS

Rue Vivienne, 2 bis.

SEPTEMBRE 1853.

LES PAUVRES

SALTIMBANQUES

« Grâce au Dieu clément, il n'y aura pas d'hiver! »
disaient l'autre jour dans la campagne les pauvres
saltimbanques et les pauvres musiciens ambulants ;
« et sans vêtements chauds, sans bois dans la man-
sarde, nous pourrons continuer à vivre en chantant
comme les cigales! » Ils n'avaient plus un morceau de
pain dans leur bissac, ni dans leur poche un pauvre
sou vert-de-grisé ; mais, tout exténués et tout hale-
tants, ils gagnaient enfin Paris, Paris où il y a des
auditeurs pour toutes les chansons. Justement je me
trouvais là quand ils arrivèrent sur la place publique,
et je n'oublierai jamais ces têtes embellies par la
poésie et par la douleur. Il y en avait un au teint ba-
sané, aux longs cheveux noirs, au regard profond et
mélancolique, qui tenait un violon à la main ; et sa
petite fille, pauvre enfant sans mère, qui portait une

1

guitare. Oh ! la belle enfant, pâle comme un lis, avec de
grands yeux étonnés et noyés, et laissant flotter au vent
d'énormes cheveux d'or crêpés par la vie sauvage !

Puis il y avait aussi la sauteuse, svelte femme de
dix-sept ans, blonde aussi, et la peau hâlée avec des
taches de rousseur, mais charmante malgré ses lèvres
pâlies et violettes, et hardiment taillée comme la Diane
antique, si ce n'est qu'elle avait, sous son maillot déteint, les jambes et les pieds un peu forts de la danseuse. Une jupe de soie bleu céleste sur laquelle bril-
laient des paillettes flétries serrait sa chemise flottante, retenue seulement par une écharpe d'Orient
attachée en ceinture et volant au vent. Puis il y avait
aussi l'Alcide et le pitre, et c'était tout.

Au moment de commencer leurs exercices, ces
malheureux jetèrent ensemble au ciel un suprême
coup d'œil de désespoir et de prière. Par bonheur, il
y avait eu précisément sur cette place une séance de
je ne sais quelles associations ; les membres de tous
les comités avaient fini de prononcer tous leurs discours, et les associés sortaient en foule. Attirées d'a-
bord par la beauté de la sauteuse, quelques femmes
se groupèrent autour des saltimbanques, puis les hommes, et je remarquai là beaucoup de gens célèbres,
sans compter le Colbrun d'un de nos théâtres du boulevard, un tout jeune comique, moins fort assurément
que le Colbrun réel, mais pourtant rempli comme lui
de verve malicieuse et spirituelle. La petite guitariste
regardait avec de grands yeux suppliants tous ces beaux
messieurs et toutes ces belles dames, et semblait leur
dire : « Prenez pitié de nous ! » La sauteuse contem-
plait les déesses dramatiques avec la supériorité de la

vraie beauté sur les robes de soie, et le virtuose se
recueillait. L'Alcide mâchait dans ses dents un poids
de cinquante livres, et le pitre avalait un vieux sabre
pour tromper son appétit.

Tout à coup, quatre ou cinq gros messieurs à barbe,
revêtus d'élégants paletots, fendirent violemment la
foule à coups de ventre, et à coups de coude, et se reti-
rèrent en s'écriant : — C'est une infamie ! comment la
police peut-elle tolérer des choses pareilles !

— En effet, dit le bourgeois, qui représente partout le chœur antique, il est bizarre que la police
les tolère.

Amis, dit aux saltimbanques le Colbrun qui s'était
approché, ne faites pas attention à ces mécontents :
ce sont les marchands de bois ! Ils sont furieux de ce
que les pauvres ouvriers et les pauvres artistes ne
mourront pas de froid cette année dans leurs mansar-
des, et de ce qu'il n'y a pas d'hiver ! Ils se sont tous
fait faire par leurs amis les tailleurs des paletots de
trois cents cinquante francs, pour faire croire qu'il y
aurait un hiver ; mais nous avons été rassurés par le
chant des oiseaux et par les rayons du soleil, et voilà
pourquoi les marchands de bois meurent de chagrin !

Le cercle s'était fait et le spectacle commença.
C'était d'abord une parade, vive, alerte, prodigieuse-
ment réjouissante en son gros sel, entremêlée d'heureux lazzi et de soufflets retentissants comme des
tonnerres, et représentée à merveille par le pitre et
la sauteuse qui avaient si grand faim, l'un jouant Jean-
not et l'autre Colombine ! La galerie rit beaucoup ;
mais quand la sauteuse en fit le tour avec son plateau
de fer-blanc, personne n'y mit rien....

Le Colbrun s'approcha d'une Célimène en renom :

— Dis donc, fit-il avec une moue énergique, dis donc, ma vieille amie, je comprends que tous ces gens-là ne donnent rien aux artistes de la rue ; tout ça, c'est né au collège et au Conservatoire, sur les coussins de soie et sous les lambris dorés ! Mais nous ! mais toi qui as tant chanté à la porte des estaminets borgnes pendant les meilleurs jours de ta jeunesse ! toi qui étais si belle du temps que tu déjeunais avec des pommes de terre frites dans un coin de l'atelier, chez le peintre à qui tu servais de modèle ! toi qui faisais l'amour à l'entre-sol chez le marchand de vin du coin, et qui chantais si bien ta romance, et qui avais du talent tout de même... allons, Célimène, un peu de courage à la poche, et ne fais pas comme les nobles héritières du Conservatoire !

— Que parles-tu de *Conservatoirrre ?* dit l'actrice célèbre, (et elle faisait rouler les *r* comme dans ce monument historique;) il est *prrrobable* que j'en suis *sorrtie* aussi, puisque *j'entrrre* à la Comédie-*Frrr an-çaise* et que je joue le *grrrand rrréperrrtoirrre ?* *Pourrr* jouer le *grrrand rrréperrrtoirrre*, il faut *avoirrr* été *nourrrie* d'études *grrraves* et *sérrrieuses;* et tu sais bien que j'y ai un succès *énorrr ne* et qu'on *rrrefuse* de l'*arrrgent* toutes les fois que je joue *Elmirrre.* Qu'y a-t-il donc de commun entre ces *misérrrables* et une femme qui se *crrroit,* à *torrrt* ou à *rrraison,* la *Marrrs* de son époque et la *prrremièrrre* comédienne de son siècle ?

— En effet, dit le bourgeois, si madame a été nourrie d'études graves et sérieuses, je ne vois pas ce qu'il y a de commun entre elle et ces saltimbanques, et il me semble qu'elle se montre extrêmement judicieuse en ne leur donnant rien.

— C'est vrai, répliqua le Colbrun; je n'y avais jamais pensé !

Alors, essuyant avec le revers de sa main une grosse larme tombée entre ses cils recourbés, la petite guitariste chanta, en grattant les cordes de son instrument, la chanson de Théophile Gautier, si pleine de larmes :

> Avril est de retour,
> La première des roses...

Tout le monde pleurait; personne ne donna rien...

Le Colbrun s'approcha d'un grand poëte, présent à la scène.

— Monsieur, lui dit-il, je crois que c'est à vous de donner l'exemple ! Vous aussi, du temps que vous mouriez d'amour aux pieds de votre première maîtresse, vous écriviez pour elle des chansons comme celle-là, que tous les couples d'amants chantaient à Ville-d'Avray, et à Fontenay que fleurissent les roses ! Videz un peu votre bourse dans la main de cette petite guitariste; cela sera d'une bonne morale.

— Monsieur, répondit le poëte, j'ai l'honneur d'appartenir à l'Académie française, cette glorieuse institution que Richelieu a donnée à la France, en même temps que par ses sages rigueurs il consolidait le trône ébranlé par les factions aristocratiques. L'Institut, pour accomplir sa mission civilisatrice, doit rester non-seulement le temple du goût, mais encore celui de la morale épurée par le progrès croissant des lumières ; il a bien voulu me pardonner une jeunesse déviée hors du sentier des saines doctrines ; il m'appartient de reconnaître cette noble vengeance en n'encourageant pas une poésie dans laquelle l'abondance des ornements et la richesse de l'expression ne justifient pas un oubli complet des principes sur lesquels repose tout l'édifice si laborieusement élevé par nos pères.

— En effet, dit le bourgeois.

Le violoniste commença. Comment vous exprimerai-je quelle passion, quelle verve inspirée agitait sa main lorsqu'il faisait pleurer sous l'archet les cordes émues et frissonnantes ? Tout le poëme de la grandeur méconnue, de l'extase amoureuse, de la misère libre parmi la nature, il le racontait, et avec quels accents ! Puis, comme l'artiste qui se révolte et ne veut plus montrer son talent à la foule grossière, ce furent les tours de force, les étourdissements furieux, les carnavals en délire, Venise tout entière, tout Paganini attaché à sa proie ! La foule succombait ; elle ne donna rien....

— Pour le coup, dit le bourgeois, voilà qui est fort ! J'ai ouï dire que certains virtuoses exécutaient ces difficultés à l'aide d'une canne seulement ; mais il m'est impossible d'ajouter foi sans restriction à une assertion qui blesse à un tel point les notions premières de la technique des arts.

— Mon Dieu ! monsieur, fit un critique influent, s'approchant du bourgeois, vous dites que cela est fort ! entendons-nous. Un violon est un violon ; ces excès, ces violences, ces délires d'une imagination désespérée, ces chocs de sons qui tentent l'impossible, ne valent pas pour moi cet admirable récit de la Fontaine, les *Deux Pigeons*, ou simplement cette ode d'Horace, *Donec gratus eram tibi!* Le véritable violon, le voilà, *Donec gratus!*

— Monsieur, monsieur, dit le Colbrun s'approchant du romancier à la mode, je comprends la réserve de ce feuilletoniste; il ne peut pas avouer qu'il est un poëte de génie, résigné à cacher son âme sous les feux d'artifice du talent! Mais vous, monsieur le romancier, regardez à présent la sauteuse qui fait la danse des œufs! Elle danse sur une terre jonchée d'œufs, elle s'enlève comme la Rosati et elle évite tous les œufs! Si ce n'est pas là votre métier de romancier à la mode, je consens à jouer, comme Pelletier des Funambules, les Lafont, les Félix, et les comiques habillés!

La danseuse pâmée semblait un oiseau qui voltige. On était ravi; il se nouait des intrigues; on ne donnait rien... Le Colbrun continua :

— Voyez, monsieur, si cet exercice-là ne vous a pas attendri, voyez maintenant ce pitre qui avale des sabres et des étoupes enflammées, et cet Alcide qui porte des poids! Est-ce là, oui ou non, votre métier? Un peu de cœur à la poche! On croit qu'il avale les étoupes, il ne les avale pas; on croit qu'il va laisser tomber les poids, il ne les laisse pas tomber; ce qui veut dire en mauvais français : *La suite au prochain numéro!* Il y a une chose certaine, c'est que ça ne se ressemble peut-être pas, mais à coup sûr c'est la même chose!

— En effet, dit le bourgeois, c'est tout à fait la même chose.

Le romancier lui jeta un regard de pitié. Le Colbrun reprit :

— Cette fois, par exemple, videz votre poche, il le

faut ! Considérez que la sauteuse s'est couchée sur les
reins, dans le ruisseau, et que le brave Alcide lui fra-
casse des pavés sur le ventre à grands coups de maillet !
ce que vous faites toute la vie, ô romancier ! ô dramaturge ! sur le ventre de la muse et sur le ventre de la
langue française. Pourtant le ventre de la sauteuse ré-
siste, il ne se casse pas; c'est le pavé qui se brise, et
les éclats sautent à la figure de monsieur ! (Il montrait
le bourgeois.) En faveur de cet exercice, donnez quelque monnaie à la sauteuse, bon romancier ! Son portrait vous fera toujours quatre pages de copie !

— Monsieur, répondit le romancier, j'ai vécu quatre
années rien qu'avec du fromage de Gruyère, et j'ai eu
une inflammation du palais. Je travaille vingt heures
par jour, et je ne fais pas de dépenses inutiles. Je joue
à la Bourse sagement; le Lyon m'a été bon, mais j'ai
perdu sur les Docks. Il me reste à payer un étage de
la maison que j'ai achetée avec mon dernier roman de
cœur, et quatre arpents de ma propriété à Classy-les-
Bois. Encore deux années de travail, et je pourrai
réaliser une opération qui me permettra de donner une
activité double à ma production littéraire. Membre de
toutes les associations et quitte de tous mes devoirs
philanthropiques, je ne connais pas ces gens-là et je ne
leur donne rien !

Les pauvres saltimbanques avaient épuisé tout ce
qu'ils savaient, la foule s'était dispersée; on ne leur
avait rien donné; ils pleuraient ! Passèrent une comédienne des boulevards qui n'avait pas été nourrie d'é-
tudes graves, et, fumant sa cigarette, un artiste qui
n'était pas de l'Institut. Réunis au Colbrun, ils trou-
vèrent dans leurs poches, où il n'y avait rien, quelques

francs avec lesquels les pauvres saltimbanques allèrent manger de la charcuterie chez le marchand de vin.

Voilà l'histoire que je viens d'imaginer, symbole de la vie des artistes.

Et ce n'est pas sans raison que j'intitule comme ce conte poignant le petit livre dans lequel j'ai voulu mettre quelque chose de nos grandeurs, de nos misères et de nos rêveries.

Saltimbanques, et pauvres saltimbanques en effet, ces poëtes inspirés, ces comédiens ivres de passion, ces voix éloquentes, ces joueurs de violon et ces joueurs de lyre, ces marionnettes du génie qui ont pour état de pleurer d'abord, comme le veut Horace, et après de faire pleurer la foule et de la faire rire! Car, s'il vous plaît, qu'est-ce que le saltimbanque, sinon un artiste indépendant et libre qui fait des prodiges pour gagner son pain quotidien, qui chante au soleil et danse sous les étoiles sans l'espoir d'arriver à aucune académie? Ah! malheur à ceux, malheur à celles d'entre nous qui ne reconnaissent pas leurs frères dans ces bouffons aux pieds souillés de poussière, aux lèvres souriantes, aux fronts tachés avec la lie de Thespis! Ils n'ont pour récompense que quelques gros sous, et l'amour du printemps et le mépris des sots; mais quelles sont les nôtres? Leur couronne est faite de paillon, leurs joyaux de verroterie, leur pourpre est un haillon déteint; mais, s'il vous plaît, de quoi est faite notre couronne, de quoi nos joyaux, de quoi notre pourpre? Et c'est pourquoi, (pardonnez-moi, Mars, Marie Dorval, ombres sacrées, et toi, Frédérick!) c'est pourquoi j'ose écrire *Les Pauvres Saltimbanques* au-dessus de ces pages, où je nomme pourtant des noms si illustres, encore

tout baignés des rayons fulgurants de la poésie. Les
jours où je puis donner un sou à un rapsode des
Champs-Élysées, je lui fais cette aumône avec respect,
parce que je le regarde très-sérieusement comme un
confrère d'Homère. Il y a bien la différence de talent;
mais, si on faisait attention à cela, tous les membres
des quatre associations artistiques auraient-ils le droit
d'écrire à M de Lamartine, en commençant leur lettre
par ces mots sacramentels : *Monsieur et cher confrère?*

LE VOYAGE

DE

LA FANTAISIE

La déesse Nuit efface sur son visage sa poudre de
fleur de riz, et elle jette par-ci par-là ses robes couleur de lune, ses pendeloques frissonnantes et ses
écharpes d'azur; la voilà qui met ses gants pour ren-

trer chez elle, et qui part en disant à son habilleuse
Iris : « Ma bonne Iris, mettez bien tout en ordre
dans la loge ; en voilà jusqu'à la représentation de
demain. » Elle plie en quatre son bulletin et le met
dans sa poche, et la voilà partie. Cependant la folle
Aurore commence déjà à l'Orient ses orgies de roses,
baignant dans les célestes fleurs de la lumière les fleurs
vivantes de son corps renversé, et se pâmant et déti-
rant ses bras pour montrer son aisselle où tressaille
un duvet d'or, et souriant, la fille lascive ! De ses
grands cheveux qu'elle secoue s'envolent mille rayons
dans l'air, et l'un d'eux, perçant les rideaux de toile
perse, va éveiller violemment le poëte Théophile.
Mais combien n'est pas étonné cet écrivain français,
en voyant assise sur le rayon folâtre sa chère Fantaisie,
enveloppée dans les nuages bleus d'une cigarette !

— Oh ! mademoiselle, mademoiselle Fantaisie, dit-il
en donnant à ses lèvres l'expression la plus suppliante
qu'il peut, mademoiselle, repassez, repassez, repassez
demain, comme dit, dans le *Domino noir*, cet exé-
crable M. Scribe ! N'espérez pas, tant s'en faut, m'entraîner ce matin à la barrière Montparnasse, parmi
les tonnelles dont le pampre découpe ses feuillages
sur le sable en guipures luxuriantes ! ni chez la petite
Naïs, qui demeure dans un berceau de satin comme
un enfant ! ni dans la volière du professeur Célio, où
les oiseaux jouent à perte de vue la comédie de l'a-
mour, avec des costumes entièrement neufs ! Aujour-
d'hui, tous les rhythmes lyriques entreraient dans ma
maison en faisant carillonner leurs sonnettes de cristal,
je les prendrais à pleines mains et je les fourrerais
dans un carton vert, tant je suis peu en train de me

livrer à la poésie ! Aujourd'hui j'ai à remplir des devoirs sérieux, tels que de me rendre an siége de la
Société des gens de lettres, et d'y voter pour l'élec-
tion d'un membre du comité ; faute de quoi, j'assume
sur ma tête une responsabilité, à ce qu'assure le *Bulletin de la Société des gens de lettres! J'aime la petite fille qui vend ce *Bulletin de la Société des gens
de lettres*, au passage Jouffroy ! Avec ses yeux dorés
et ses cheveux ébouriffés sous son bonnet noir, elle
sera courtisane quelque jour, elle achètera de la par-
fumerie à crédit, elle prendra chaque jour soixante-
quinze coupés à deux francs l'heure, et elle fera vivre
les huissiers ! D'ailleurs, mademoiselle, pas de poésie
ce matin, et laissez-moi mettre mon habit noir pour
aller nommer le membre du comité ; sans quoi, vous
avez lu le *Bulletin*, et vous savez ce que j'assume !

Mais la Fantaisie :

— Paresseux , paresseux Théophile , paresseux
comme tous les poëtes! Incorrigible voluptueux, qui
cache sa lyre dans le cabinet de toilette avec les tire-
bottes, et qui reçoit le troupeau des Muses comme si
c'étaient les créanciers du matin venant faire la scène de
la sonnette ! Heureusement que vous êtes faible comme
une femme, et qu'on vous emporte où l'on veut... et
que nous partons !

Les voilà partis, les voilà arrivés !

D'abord le pays de Watteau. De grands arbres
svelets, de murmurants ombrages, la belle chanson
des fontaines dans les coupes de marbre, et sous les
allées, les blanches déesses, tandis qu'étendue parmi
les pelouses avec une grâce divine , la Comédie-Ita-
lienne, prête à partir pour Cythère, rêve, bercée par

les instruments de musique. Et, dans le ciel, les nuées d'Amours précèdent le navire, voltigeant autour de la voile flottante.

— Ami, dit la nymphe, veux-tu rester dans ce pays-là, et que nous le chantions en rondeaux et en triolets, après qu'on nous aura passé des habits de satin rayé de rose, comme celui du bon Mezzettin?

— O chère bien-aimée! répond Théophile, ne te laisse pas abuser par ces gens, si jolis qu'on a envie d'acheter une console de Boule le père pour les mettre dessus! Tu les vois comme cela silencieux, ils ont l'air très-spirituel! mais je les ai entendus causer, moi, dans les *Noces de Pandolphe*; ils racontaient une suite de traits de vertu, comme dans la *Morale en action* et dans le vaudeville de *Ketly :* une gaieté à faire pleurer des carmélites!

— Partons, dit-elle. — Le pays de Shakspere, encore la douce féerie! Rosalinde, Célie, Orlando, Hippolyte, en costume d'amazone dans la forêt où Titania, couronnée de fleurs, baise les lèvres de son joli page enlevé à la reine des Indes!

— Là non plus je ne veux pas rester, dit Théophile en roulant sa cigarette; je les connais, ces terribles comédiennes de la gaieté! Tu les entends, elles ne semblent occupées qu'à enfiler des concetti et à se griser avec des sonnets d'amour; elles s'habillent en berger à casaque aurore pour troubler une bergère volage; elles font des coquetteries avec le bouffon; elles sont gaies comme l'alouette matinale. Tu crois, tu crois qu'elles s'appellent Célie et Béatrix, et qu'elles garderont toute la vie leur robe couleur de lune? O ma maitresse! leur corsage en soie d'Orient cache la

3

robe blanche trouée par une blessure sanglante. Cette
folle, dont le rire éclate comme une chanson, tout à
l'heure elle éclatera en pleurs, et elle murmurera la
romance du Saule; tout à l'heure, renversée dans
le flot qui l'entraîne, elle arrachera, d'une main mou-
rante, les fleurs du rivage ; tout à l'heure Roméo
mourra, la bouche sur ses lèvres décolorées ; elle
s'appelle Desdémone, elle s'appelle Ophélie, elle s'appelle Juliette !

— Le pays des mots et des phrases ! Pareil à Paganini le fantastique, ce cruel virtuose que lui-même a
si bien chanté, un homme, tordu sur son violon, tour-
mente la pauvre âme enfermée en cette prison de bois..
Elle crie, elle pleure, elle gémit, elle se plaint dou-
loureusement, et parfois elle rit aux éclats dans les
convulsions du désespoir. Puis en troupes, en armée,
en bataille, tout ce qui obéit au violon de cet homme,
les mots, les voyelles délicieuses, les fières consonnes,
les épithètes pompeuses, le casque au front et la poitrine serrée dans une cuirasse qui laisse le sein nu ;
les adjectifs folâtres vêtus en baladins , tout hors
d'haleine, humides et chancelants de lassitude , et
pourtant effarés , bondissants dans une danse éternelle, obéissant avec délire à l'implacable musique
qui les force à danser sur les œufs, à faire la roue et
le saut périlleux, à passer à travers le rond des pipes,
à s'élancer au-dessus des sabres levés en l'air et du
feu de peloton exécuté par une compagnie de ligne...

— Ah! s'écrie Théophile, ce feuilletoniste est un
grand artiste assurément, maître d'un pays prodigieux.
Mais tourmenter ainsi ces pauvres mots, les mêmes
avec lesquels sa mère l'a bercé petit enfant, et avec

lesquels sa première maîtresse lui a dit : « Je t'aime-
rai toujours ! » Et puis, non, je n'y puis consentir. Je
ne puis souffrir que, pour réjouir l'oreille de ces bourgeois stupides, cette âme agonise ainsi, captive à jamais dans ce morceau de bois signé Stradivarius.
Emmène-moi dans le pays où les âmes sont libres et
où elles bondissent capricieusement sur la terre char-
mée.

Les y voici ! Scapin, Mascarille, ces effrontés Sici-
liens dont la moustache chatouille les astres, mettent
Géronte dans des sacs et le battent ; au balcon des
esclaves amoureuses ils appliquent des échelles de
soie, tandis que les amants-poupées de ces gredines
font de la rue un empyrée peuplé de perruques fauves
en guise de soleils. Blanc comme un lis, Pierrot vole
le gigot sur la tête du traiteur ; puis, assis dans l'herbe
émaillée de pâquerettes, il éventre avec concupiscence
un pâté formidable d'où sortent des serpents qui lui
mangent le nez. A travers les rues qui deviennent des
forêts, et les cascades qui se changent en feu d'artifice, Léandre et Cassandre poursuivent ta jupe à paillettes et à passequilles, ô toi, la gloire, l'idéal, la
femme cherchée, le rêve poursuivi, le ver luisant, le
mirage, l'adoration visible ! ô toi, riante et radieuse et
vive Colombine ! Et lui, Arlequin, aux mille couleurs,
il l'entraîne en voltigeant dans les paysages ! Et, couverte de pierreries, la jeune fée étend sa baguette
d'argent sur leurs aventures merveilleuses ! Allons,
Théophile, veux-tu, toi aussi, poursuivre Colombine ou
t'enfuir avec elle parmi les châteaux magiques, les
marchands de gâteaux, les cabarets à tables vertes et
les oasis enchantées ?

— Fantaisie! Fantaisie! ceux-là non plus, il n'y faut pas croire! Ce Scapin et ce Mascarille, cet Éraste et ce Valère, cette Lucile et cette Isabelle te font l'effet de jolis sacripants emportés par toutes les fureurs de la jeunesse, chérissant le vin et l'amour et la flânerie sous le grand ciel! Eh bien! toi que charme cette bohême poétique, reste un moment de plus devant leur tréteau sublime formé de planches jetées au hasard sur des futailles vides; un moment de plus, fais comme le roi Louis XIV, et encourage par tes applaudissements ces chevelures dénouées et ces beaux rires tachés de lie, tu verras! Cette comédie du soleil et de la vendange va devenir une homélie en vers pompeux; ces fourbes valets et ces enfants de l'amour vont devenir sociétaires de quelque chose : ils seront chauves, ils porteront des cravates blanches à quatre étages au-dessus de l'entre-sol, et des faux cols pleins de dignité; des lunettes d'or cacheront leurs yeux atones, et leurs habits noirs de première classe feront crever de jalousie M. le commissaire des morts! Sur toutes les tombes ils prononceront des discours inscrits avec soin sur des manuscrits noués avec des faveurs vertes, et devant eux, comme l'auvent d'une vieille maison gothique dans un bourg de Normandie baigné par le soleil, un gigantesque abat jour vert fera dire à l'Institut : « Ils manquent à notre gloire ! » Marine elle-même et Zerbinette chercheront comme suprême re-nommée celle d'avoir introduit de la décence dans leurs liaisons de carrefour, et elles iront aux cabarets avec des caleçons! Quant à Colombine, je la connais aussi, et j'ai lu son histoire il y a bien longtemps. Regarde-la! seize ans à peine, et on dirait, à la voir, les

premières matinées d'un printemps vermeil. Eh bien !
ces roses, elles les essuiera ce soir avec une serviette,
et cette magnifique toison d'or, elle la rangera dans
son armoire à glace ; cette jambe d'ardente bayadère,
cette poitrine de fille amoureuse viennent de chez le
bonnetier, et ce sourire de chez le dentiste ; l'esprit
même a été emprunté chez le journaliste du coin...
ne pas confondre avec le vaudevilliste, la porte à côté !
Jeunesse, beauté, sourire, ces formes hardies et cette
chair appétissante, rien n'est à elle de ce qui couvre
un hideux squelette ; et qui sait même encore si le
squelette est en bon état ? Emmène-moi, ô ma sœur !
loin de cette Colombine faite de pièces et de morceaux,
loin de cette Dorimène qui fonde des crèches, rachète
les pauvres Chinois, quête à l'Ascension et sauve les
noyés !

Cette fois, ô machiniste ! le coup de sifflet de ton
changement à vue est strident à vous faire frissonner
dans la moelle des os. Cette fois, cette fois, ô Théophile ! voici bien la fantaisie réelle ! Sur la terre ra-
jeunie comme au temps des dieux par le rêveur Fourier, vois, groupés par phalanges harmoniques ces
troupeaux d'hommes heureux, entraînés dans le travail attrayant au rhythme sacré d'une ode. Les villes,
pareilles à des grappes d'astres, s'épanouissent dans
la campagne fleurie comme des planètes dans un ciel ;
la nature domptée a soumis ses torrents à féconder
les sillons, et les intempéries des saisons ont fait place
à un immortel printemps. Mêlés aux travaux, les festins réunissent à leurs longues tables les séries
d'hommes et de femmes pour qui la passion elle-
même, exempte de haine et de trouble, se règle au

chant des lyres ! Est-ce cela que nous chanterons, ce
siècle d'Astrée où Hercule, vainqueur de la Mort et
de la Douleur, a étouffé le vautour dans ses fortes
mains et délivré enfin le doux Prométhée sur son rocher sanglant ?

— Amie, dit Théophile, voilà certainement de la
géométrie admirable ; mais aimer dans un triangle,
travailler dans un cercle, demeurer dans le carré de
l'hypothénuse qui continue d'être si bien égal à la
somme des carrés faits sur les deux autres côtés !
Non ! qu'on me laisse la tempête qui déchire les
cieux, et le vice et la douleur, pour qu'il y ait aussi
le dévouement, et la joie, et l'espérance, et la liberté !

Et il s'est enfui, et il est déjà bien loin. En vain
la muse crie aux échos : « Théophile ! Théophile ! »
La pauvre muse Fantaisie n'a pu trouver nulle part
la vraie fantaisie, et à présent voici même qu'elle a
perdu son poëte ! « Quoi ! dit-elle, retournerai-je aux
féeries de l'Aurore sans y rapporter seulement une
strophe d'ode et un bout de chanson ! — Bien plus !
où retrouverai-je mon poëte que j'ai égaré à travers
ces contrées bizarres ? »

Elle le retrouve pourtant, le bras passé autour de
la taille d'une jeune femme à la lourde chevelure
blonde et les regards noyés dans ses yeux. « Quoi !
s'écrie-t-elle, amant passionné de la rime, m'as-tu
quittée en effet pour faire l'amour dans un bosquet,
à la façon d'un hussard de l'Opéra-Comique ? Pourquoi pas tout de suite les drames historiques où tu ferais rimer *fini* avec *Chavigny*, et le mariage, et le
bonnet de coton, et les verres à boire sur lesquels il y
a le portrait de la croix d'honneur ?

Mais Théophile :

— Amie, vois ces cheveux ruisselants et ce franc
regard, et cette peau diaphane sous laquelle tu peux
regarder courir ce jeune sang. Vois ces lèvres pleines
de douceurs et de caresses, et ce sein ému, et cette
taille de reine, et cette main élégante et ferme qui
serre si bien la mienne ! Si ce n'est pas là la véritable poésie, je renonce à la chercher ailleurs ; et,
quand la bise sera venue, tu peux fort bien jeter aux
salamandres du foyer mon *Dictionnaire des rimes
françaises !* Fantaisie pour fantaisie, je me tiens à
celle-là, harmonieuse comme tes chansons, jeune
comme le printemps, folle comme Zerbinette et
comme Colombine, et qui sait si bien sourire aux
cieux en élevant son verre plein de vin vieux ! Va
annoncer à l'univers que je n'élirai pas le membre
du comité, et que je rêve aux premier livre de mes
Amours !

La nymphe s'est envolée en pleurant ; et lui, retenu
par le collier de ses bras blancs, il s'est endormi sur
le sein de Juliette !

LE VIOLON ROUGE

Oh ! les beaux violons écarlates, joie des petits enfants ! comme ils resplendissent de ce rouge sublime
en sa crudité qui fait l'enchantement des âmes encore
pures ! Ils sont jolis et ne coûtent que vingt-cinq
sous ; un poëte lui-même peut amasser de quoi en
acheter un pour charmer sa maison. Comme les fleurs,
comme les polichinelles, comme le vin du cabaret,
les pauvres petits violons rouges valent peu d'argent
et ils donnent des jouissances infinies. Ah ! les pères
de famille des petites villes ont bien raison : Pourquoi
entretenir des filles d'Opéra ?

Il y a quelques jours, j'ai vu à Bicêtre un fou ap-
pelé David, qui jouait d'un petit violon rouge. Il a
trente-deux ans à peine ; il est grand et svelte, sa tête
régulière, d'un type admirable, conserve les traces
d'une grande beauté ; mais le regard est au ciel. Je
me suis arrêté bien longtemps devant David, car je
ne pouvais me rassasier d'admirer le bonheur dont
son visage était illuminé. Le son, à peine perceptible,
produit par le frottement de l'archet sur les mor-

ceaux de fil roux tendus en guise de cordes, le plongeait dans une sublime extase ; et moi, j'étais bien près de fondre en larmes comme lui, car le plaisir que me donne un artiste vient avant tout celui qu'il éprouve.

J'ai voulu savoir l'histoire de David. Orphelin, il avait été élevé par charité dans une pension, où sa timidité et sa faiblesse physique l'empêchaient de se mêler aux jeux des autres écoliers. Aux heures des récréations, il errait triste et seul, ne sachant à qui confier son amour pour la liberté, pour les forêts, pour les fleurs. Un jour, le fils du maître de pension, petit monstre stupide qui faisait faire ses devoirs par David, reçut pour récompense de ses succès une charretée de joujoux parmi lesquels était un violon rouge. Comme il trouvait ce jouet indigne de lui, il le donna à David, et dès ce moment-là David eut un ami.

Dès que la classe était finie, il allait se blottir sous le perron du jardin, et il jouait de son violon rouge. Sans doute, alors déjà, comme à présent qu'il est fou, il croyait que le violon rendait à son oreille tout le poëme de passion et de douleur que ses petits doigts lui confiaient. David n'avait pas de mère qui le baisât et le prit dans ses bras, pas de frère, pas d'ami. pas de chien ; son violon rouge était sa famille. Il vécut heureux jusqu'au jour où un *pion*, furieux d'avoir perdu sept sous au jeu de dominos dans le sale cabaret où ce cuistre passait ses heures de liberté, brisa brutalement d'un coup de poing le cher violon.

Imaginez toute la désolation qui peut tenir dans toute une âme ! Seul, abattu et désespéré, jusqu'au jour où il quitta son enfer, David n'eut qu'un rêve :

posséder, quand il serait grand, un violon véritable auquel il pourrait raconter tous les trésors d'amour et d'amertume amassés dans son sein. Enfin, ce jour là arriva, et la main *bienfaisante* qui avait mis l'enfant en pension le plaça chez un épicier du quartier Mouffetard. La fille de l'épicier chantait Schubert au piano ; le fils de l'épicier apprenait le violon, et faisait mourir dans des convulsions de nerfs les chats des toits voisins. Je laisse au grand romancier qui naîtra le soin de vous raconter par quels travaux de nègre, par quels dévouements, par quels beaux élans d'âme, par quelles folies, par quelles bassesses, par quelles roueries innocentes et désespérées, David obtint un petit coin dans l'amitié du fils de l'épicier, et avec quels tressaillements, quels frissons glacés, il lui demanda enfin, en tremblant, la récompense de tant de services rendus : la faveur de toucher l'instrument pendant dix minutes !

Mais supposez achevé ce poëme inénarrable, la séduction du fils de l'épicier ; David a conquis un monde ; tous les jours il est libre pendant une demi-heure, et il est libre de passer cette demi-heure en tête-à-tête avec le violon. Il ne s'était pas demandé qui lui apprendrait à en jouer ; il ne comprenait même pas que cela s'apprît ; il sentait bien, cœur débordé, qu'il saurait, par des moyens inconnus, faire chanter dans ce bois sonore l'immense chœur de voix confuses dont il avait l'âme pleine. Trois années il vécut dans l'extase, chantant pour lui seul un chant qu'on n'entendra jamais ; puis il tomba à la conscription et devint soldat.

Pendant trois années encore, David, obstiné à son

rêve, vécut au milieu d'un régiment comme un ana-
chorète du désert, dans des privations inouïes,
n'ayant pas en tout ce temps-là bu une goutte de vin
ou d'eau-de-vie, mais amassant des liards ! Au bout
des trois années, il put acheter à des saltimbanques,
dans une foire de village, un méchant violon qu'il
raccommoda, et il recommença à chanter ! Si l'âme
pouvait crier quand elle étouffe, si elle pouvait
décrire avec des sons visibles le ciel dont elle a une
soif ardente, si les amours, les ardeurs et les ja-
lousies avaient des voix, on entendrait quelque
chose de pareil à cette musique qu'il avait créée et
que parfois les soldats écoutaient avec curiosité.

Quand David fut libéré du service, l'idée que les
hommes vivent d'une profession ne lui vint même
pas. Il regagna Paris à pied, et exista enfin ! Il errait
dans les campagnes, dans le bois de Boulogne, s'en-
ivrant de soleil et de verdure ; puis il revenait aux
Champs-Elysées, s'adossait à un arbre, et là, oubliant
tout, jouait du violon pendant des heures. Bien peu
de gens lui jetaient des sous, car qui pouvait comprendre les accents célestes de ce poëte? Ces quelques sous lui suffisaient pour payer le coucher de la
nuit et ce qu'il mangeait çà et là. Encore eût-il été
bien incapable de les administrer. Mais une petite
mendiante des Champs-Elysées, belle d'une beauté
cachée sous la crasse des haillons, devint amoureuse
de lui. Comme lui, elle avait vécu depuis l'enfance
dans la solitude et dans la rêverie ; elle venait s'as-
seoir au pied de son arbre et écouter sa musique. On
ne saura jamais comment ces deux êtres se parlè-
rent. Enfin, elle alla habiter avec lui un garni où les

rats n'auraient pas voulu loger ; elle adorait le pauvre David, et lui, sentant une âme qui le comprenait, il jouait du violon pour elle !

L'automne dernier, la mendiante mourut de la poitrine. Elle morte, David ne pensa plus à rentrer au garni. La nuit aussi il restait dans les Champs-Elysées, chantant la morte ! Il fut arrêté comme vagabond, et les agents lui prirent son violon. David devint fou.

En entrant à Bicêtre, il retrouva en lui justement les mêmes impressions douloureuses du pensionnat : tel il avait tressailli, enfant, de sa solitude entre des murailles, tel il en tressaillait. Il demanda au médecin un petit violon rouge, et le médecin voulut bien le lui faire donner : il en joue tout le jour.

A présent David est à l'abri de la méchanceté des hommes. Personne ne lui prendra ni ne lui cassera plus son violon rouge, à qui il raconte son amour pour son amie morte.

Il est heureux.

MADAME DORVAL

A SAINT-MARCEL

Par une soirée effroyablement belle d'un hiver effroyablement magnifique, je rencontrai au café du
théâtre de la Porte-Saint-Martin un ami qui venait de
faire en province six mois de journalisme politique;
car, si la nécessité de mourir inflige aux poëtes l'hôpital, la nécessité de vivre les condamne à bien d'autres
martyres! Dans une causerie longtemps désirée, le
temps passe comme un éclair entre deux forçats du
même Olympe, et nous venions de dévorer rapide-
ment une heure de confidences, comme des naufragés
poussés par les flots dans quelque île verdoyante mor-
dent avec gloutonnerie aux premiers fruits sauvages
qu'ils rencontrent. Mais, quand la pendule de l'esta-
minet sonna huit heures, Charles saisit précipitam-
ment son chapeau, et croisa sur sa poitrine un de ces
formidables paletots achetés Régent-Street, et que
M. Nicholl semble avoir confectionnés pour fournir
aux athlètes modernes l'occasion d'accomplir en les
portant un treizième travail d'Hercule.

— Ah ! me dit-il, je suis sérieusement désolé de vous quitter ; nous avions tant de choses à nous raconter ! Mais, au fait, voulez-vous venir avec moi ?

Je regardai le boulevard. Une croûte de diamant resplendissait sur le pavé ; des glaçons d'une délicieuse élégance enjolivaient le fer des rampes, et la vallée du boulevard Saint-Martin étincelait dans la lumière comme si elle eût contenu tous les pâles ossements que contiendra un jour la vallée de Josaphat. A travers les vitres j'entendais l'âpre vent du nord secouer ses cheveux et brandir ses glaives pour fouetter le premier mortel qui oserait se montrer dehors et aussi pour lui couper la figure.

— Ma foi, m'écriai-je, je ne veux absolument aller nulle part ! Mais où courez-vous ainsi ?

— Je vais chercher un coupé.

— Pourquoi faire ?

— Pour me rendre au théâtre Saint-Marcel. J'y vais savoir des nouvelles d'un de mes drames, *Gaëtan-le-Maudit*. M'accompagnez-vous ?

— Au théâtre Saint-Marcel ! répétai-je en bondissant, non, de par tous les diables ! quand même je devrais y voir, (et en disant ces mots je cherchais dans ma pensée, si hospitalière aux exagérations de toutes sortes, l'impossibilité la plus fougueusement idéale,) quand je devrais y voir, ajoutai-je enfin..... Frédérick ou madame Dorval !

— Précisément, me dit Charles, vous verrez madame Dorval. Elle joue *Marie-Jeanne*.

Je partis d'un grand éclat de rire et je me demandai si nous n'étions pas au premier avril. Le splendide froid qu'il faisait sur le boulevard me donnait un

démenti énergique. Sur les nez des passants bril-
laient, comme sur les jolis coteaux de Provins, des
champs de roses vermeilles. Dans le ciel lui-même
les étoiles tâchaient de se réchauffer, en se serrant
les unes contre les autres. C'était un beau froid, décidément.

— Je parle très-sérieusement, reprit Charles; madame Dorval joue ce soir au théâtre Saint-Marcel le
rôle de Marie-Jeanne.

— Et, demandai-je avec un indescriptible étonnement, pourquoi cela? Une grande infortune à soulager
sans doute, ou quelque furieux caprice d'artiste?

Charles poussa un grand soupir et ne me répondit
pas. Sa tête devint si éloquente, que je le compris
cette fois, mais avec quelle honte pour la France tout
entière, avec quelle terreur sinistre, avec quelle indi-
cible épouvante! Halluciné, il me sembla que les ca-
davres de Chatterton et d'Hégésippe Moreau posaient
lourdement sur mes épaules nues leurs belles mains
glacées. Je me vis moi-même agonisant dans le lit
d'hôpital qui attend les vrais poëtes, à moins toutefois
qu'ils ne fassent amende honorable à la porte de l'Académie française, nus en chemise et la corde au cou,
et tenant dans les mains un cierge de six livres. Et
l'horreur se glissa dans toutes mes veines.

— Allons! dis-je, et je suivis Charles.

Nous ne trouvâmes pas de coupé et dûmes nous
contenter d'un fiacre auquel étaient attelés deux spectres, qui seront décrits le jour où les races chevalines
auront trouvé un Dante. Qui dira le fantastique de
notre voyage? Le cocher devint effrayant lorsqu'il
entendit le mot : Saint-Marcel! Mais l'héroïque sta-

ture de Charles le tint en respect, et il dut se borner
à nous demander malignement le nom de la rue où
était le théâtre Saint-Marcel. Ce nom, nous le sa-
vions ; il fallut bien céder, et le cocher, réellement
ivre de craintes à cause de la glace, fouetta ses chevaux.

Il faisait si froid et la blanche sérénité de l'atmo-
sphère était telle que les admirables panoramas de
Paris semblaient des découpures en papier, ridicule-
ment festonnées par quelque impitoyable artiste en
silhouettes. Sur le bleu du ciel, les nuées transpercées
par la lumière rappelaient les abominables bijoute-
ries en opale exposées chez les joailliers en faux au
Palais-Royal. Chaque bec de gaz ébouriffait comme
un incendie son panache de flamme ensanglantée.

C'était un beau froid. Après s'être perdu par ma-
lice dans des labyrinthes du quartier Mouffetard, le
cocher, aveuglé, s'égara pour tout de bon. Le long de
la route, ses chevaux tombèrent trois fois. Au coin
d'une rue, (c'est le cas de dire, par exemple : et
quelle rue !) nous entendîmes à nos oreilles un coup
de pistolet. Sans doute, quelque voleur qui craignait
de mourir gelé et qui intriguait pour aller coucher à
la préfecture !

Nous arrivâmes enfin ; le cocher, frissonnant, n'o-
sait pas repartir seul et voulut nous attendre. Nous
entrâmes. Je passe l'étonnement du contrôleur, qui
semblait croire à quelque magie, et qui retourna vingt
fois entre ses mains les deux pièces de quarante sous
que nous lui donnâmes. Figurez-vous une salle vide et
glacée, à peine éclairée, par misère. Une sombre Sibé-
rie en toile peinte où luttaient les horreurs de l'hiver

et les horreurs des ténèbres, habitées seulement par
une centaine de *voyous* en blouse ou couverts de
haillons, et dont les têtes flétries par le vice parisien
prenaient dans l'ombre des aspects effrayants. Mais
sur la scène !

Sur la scène, il y avait la grande comédienne qui a
été toute la poésie du théâtre contemporain : Marie
Dorval. Elle racontait la poignante épopée de cette
Marie-Jeanne, qu'elle a faite plus grande que la Niobé
grecque. (Aussi, a-t-on décoré l'auteur comme *poëte*
dramatique !) Transfigurée non plus seulement par
les sublimes inspirations de l'artiste, mais par les vé-
ritables coups de lance de la Douleur et par les au-
rores de la Mort prochaine, la divine Marie avait at-
teint l'expression angélique, et je vis en elle, à travers
mes pleurs, la seule mère qu'il y aura jamais sur
l'ignoble tréteau ! Comme le rideau tombait, Charles
me dit à l'oreille :

— On lui donne cent francs par soirée.

Nous allâmes chercher l'entrée des artistes. Madame Dorval était sur la scène, sur la scène froide et
obscure comme la salle. Malgré la pelisse qu'une
femme de chambre venait de lui jeter sur les épaules,
elle tremblait de tous ses membres et ses dents cla-
quaient.

— Oh ! pensais-je en moi-même, les soirées de
Chatterton, les belles soirées de l'ingrate Comédie-
Française, où à la voix de Marie Dorval tout ce champ
d'épis humains tressaillait sous une brise inconnue !
Et je la revoyais aussi, avec sa belle rose dans les cheveux, en doña Chimène, dans la comédienne de *Ma-
rion Delorme*, comme Devéria nous l'a laissée.

La scène était véritablement noire comme un four. Un régisseur s'approcha de moi et me tendit un paquet informe.

— Mettez donc ça sous votre paletot, pour voir, me dit-il d'une voix enrouée.

— Mais non.

— Mais si, puisque c'est l'enfant !

— Raison de plus.

Il me prenait pour l'acteur chargé du rôle d'Appiani.

— Mais, dis-je à l'un des Luguets qui jouait dans le drame, et qui était alors engagé au Palais-Royal, comment M. Dormeuil vous permet-il cela ?

— Bah ! me répondit-il, et le mot était véritablement terrible dans cette nuit de glace, ici, est-ce qu'il peut le savoir ?

. Malgré les offres du directeur, Charles avait repris son *Gaëtan*. En quittant ce calvaire du génie expirant, je jetai un regard sur la Malibran de la Poésie qui allait mourir, et mourir ainsi. On dit que le mérite réussit toujours. Oui, il réussit à se constater et à produire son œuvre ; mais le reste ! Et si le sang des martyrs de l'art ne coulait plus de leurs flancs déchirés, pour qui donc fleuriraient les palmes vertes dans les jardins du ciel ?

LE TURBAN

DE

MADEMOISELLE MARS

———

Le directeur du théâtre de la Gaîté était en ce temps-là un homme d'une habileté si bien reconnue, qu'il faisait éclore des proverbes sur ses pas, comme la Vénus antique faisait éclore des roses. Si le mot de « jeune et intelligent directeur » n'a pas été inventé pour le célèbre spéculateur dont je parle ici, c'est uniquement parce que ce mot remonte aux premiers jours de la création des idiomes modernes, et fut peut-être antérieur à la renaissance de l'art dramatique ? La finesse bien connue de ce Parisien me dispense d'expliquer par quelle suite de ruses il était parvenu à réunir toute la critique à une répétition générale, par une étouffante soirée de juin, ou le mot *Relâche*, imprimé sur des affiches roses, s'étalait prétentieusement sur les portes de la salle. « Il s'agissait, non pas d'un drame courant, bâti sur les données vulgaires adoptées habituellement pour ces tragédies à la douzaine, mais d'une œuvre littéraire, longuement conçue, joignant à un puissant intérêt de curiosité toutes les magies du style, et que la critique devait juger en connaissance de cause ! » Toutes ces balivernes, débitées avec le sérieux qui caractérise les Gaudissarts devenus directeurs de spectacle, avait réussi à empaumer le monde artistique, car c'est là, sachez-le bien, où les badauds manquent le moins à la réclame. Les gens d'esprit ont tout leur esprit pour rendre vraisemblable et pour s'expliquer à eux-mêmes le premier mensonge qu'on leur fait ; là où les imbéciles éviteraient un panneau grossier, ils y donnent tête baissée, grâce à la faculté d'imager. On saura un jour que l'art d'élever des lapins n'est rien auprès de l'art qui consiste à spéculer sur le génie, et à s'en faire trente mille livres de rente.

Pourtant, toutes les imaginations réunies des critiques assemblés là n'aboutissaient pas à voir autre chose qu'un mélodrame des plus vulgaires dans l'œuvre « de haute portée » dont on leur avait réservé la primeur, et, faute d'un succès de pièce, malgré la folle guérie, le pont du torrent et les reconnaissances d'enfants, le directeur dût se contenter ce soir-là d'un succès d'actrice. Mais comme il se rattrapa là-dessus ! A peine ce fatal robinet eut-il été ouvert, que le nom glorieux de mademoiselle Mars, chuchoté de cent côtés à la fois, commença à bourdonner dans mes oreilles comme le susurrement de ces pluies d'avril mêlées de grêle, que nous appelons ici printemps. Je me croyais halluciné comme dans ces rêves où quelque mot redouté vous poursuit, grondé par l'orage, murmuré par les flots, vomi par les antres profonds, balbutié par les fleurs elles-mêmes. Mars ! Mars ! mademoiselle Mars ! voilà ce que j'entendais bruire de toutes

parts ; ce nom m'enveloppait, je le respirais, il me
courait le long de chaque cheveu ! « La jeune première
a la tradition de mademoiselle Mars, la démarche
de Mars ! c'est l'organe harmonieux de Mars ; elle
joue comme mademoiselle Mars ! comme elle rappelle
Mars ! »

Je sortais de la salle avec ce grand critique dont les
œuvres seraient l'histoire la plus complète du théâtre
moderne qu'on pût rêver, si cette histoire ne vivait
bien autrement saisissante, animée et merveilleuse
dans les conversations où le prestigieux écrivain se
dépense mille fois en une heure, entassant les faits,
les aperçus, les portraits tracés à la Gavarni, avec un
seul coup de crayon souligné par un seul trait de plume, et, comme fait le statuaire avec un coup de pouce
donné à propos, éclaire avec un mot lumineux toute
son esquisse.

— Ma foi, lui dis-je, mademoiselle Mars n'a pas de
chance, décidément ! Au moment où son convoi passait
devant le Théâtre-Historique, un rayon de soleil, parti
comme une flèche d'or du ciel soudainement déchiré,
a baigné de flamme son portrait peint sur la coupole
où le peintre l'a représentée rayonnante de ses vingt
ans, vêtue en enchanteresse de Marivaux, et jouant,
en reine qu'elle était, de l'éventail et du sourire. Mais
c'est le dernier bonheur que je lui aie connu, et depuis
ce jour là elle a été bien éprouvée.

— Comment cela? me demanda le critique avec un
air de bonhomie dont le sens ironique m'échappa d'a-
bord.

— Mais, repris-je, depuis que nous avons perdu la
grande comédienne, il n'est pas une fille majeure qui

ait débuté dans les Célimènes sans être proclamée au
même moment l'héritière de mademoiselle Mars, tandis que, de bon compte, plus d'une, parmi ces triom-
phatrices, aurait pu être exhérédée comme indigne,
et jugée non apte à succéder, pour cause d'ingratitude.
Puis, soyons justes, mademoiselle Rachel a donné au
foyer de la Comédie un buste de mademoiselle Mars,
qui punit bien cruellement mademoiselle Mars de
s'être rendue immortelle, car ce portrait peigné, lissé
et gratté avec une naïveté d'Ojibewas, ressemble un
peu trop aux objets d'art sculptés au couteau par les
sauvages. Puis enfin, le nom de mademoiselle Mars
est devenu un terme de comparaison si facile à se
rappeler et si commode à employer, que de l'Odéon
au théâtre de Laon, on ne se donne plus la peine
d'en chercher un autre. Croyez-vous que cela soit bien
agréable pour l'illustre morte? Si l'actrice en représentation n'a pas ostensiblement la voix de Grassot et
le nez d'Hyacinthe, si elle n'est ni borgne ni bossue,
et surtout si elle porte sur sa tête des potagers aussi
bien fournis que ceux des dames de la ville, vite on
la compare, sans la marchander, à mademoiselle Mars.

Le critique souriait toujours.

— Enfin, lui dis-je, n'avez-vous pas entendu le nom
de mademoiselle Mars prononcé deux cents fois à
propos de la jeune première qui jouait ce soir dans le
drame?

— On n'avait pas tout à fait tort.

— Comment! repris-je avec feu; je conviens que
cette dame est pâle et svelte, qu'elle succombe fort
agréablement à sa mélancolie, et qu'elle sait faire
la bouche en cœur comme un pastel bien élevé,

mais vous me céderez bien qu'elle est précisément
élégiaque à la façon de Dinocourt, et sentimentale
comme un roman écrit pour les portières. Quel rap-
port voyez-vous entre cela et la femme qui fut par
excellence le bon goût, l'atticisme, le langage mesuré,
la grâce décente, et en qui vous admiriez vous-même
l'accord du sens exquis et des plus suaves élégances? Je vous avoue que je suis curieux de savoir si
vous me présenterez cette couleuvre-là par la queue
ou par la tête !

— Cher enfant, me répondit avec bonté le grand
critique, dont les paroles furent pour moi comme la
lumière soudaine d'une torche éclairant une cave
obscure, vous n'avez pas connu mademoiselle Mars.
Savez-vous en quoi consistait surtout son génie? Elle
avait découvert ceci, que Balzac eût mis en évidence,
au milieu de la page, sans oublier d'écrire en lettres
majuscules le mot :

AXIOME

Comme type idéal de beauté ou d'élégance, n'espérez
  pas faire avaler au spectateur autre chose que son
  portrait daguerréotypé.

Et voilà tout le secret ! Mademoiselle Mars savait
que les femmes viennent au théâtre, non pas du tout
pour y voir Elmire ou Célimène, ou Araminte, de qui
elles se soucient comme de la quadrature du cercle,
mais pour y voir leur propre image ; et, miroir charmant, elle leur montrait leur image un peu embellie.
Tant pis pour Molière, ou plutôt tant mieux pour lui !
Car, en retouchant les portraits de Célimène et d'El-

mire de façon qu'ils ressemblassent aux dames assises dans les loges, mademoiselle Mars imposait Molière à ces belles dames. Elles portaient des boucles
sur le front et des turbans avec des oiseaux de paradis ;
mademoiselle Mars en porta héroïquement jusqu'à la
fin, et défendit l'oiseau de paradis contre le bon goût
des poëtes, qui eût ruiné la Comédie-Française ! Me
comprenez-vous maintenant ? D'une manière abstraite,
jouer comme mademoiselle Mars veut dire jouer
pour le public à qui on a affaire, et se modeler sur lui.
Voilà pourquoi l'actrice de ce soir, en se faisant sentimentale à la façon des portières, jouait, à un point de
vue, comme mademoiselle Mars. Quand Talma repré-
sentait Hamlet avec des bottes à la Souvarow, à glands,
et une redingote de satin blanc, il jouait comme mademoiselle Mars ! A l'époque où le *Siècle* passait pour
le plus bête des journaux, il était rédigé comme la
comédie était jouée par mademoiselle Mars, car il par-
lait comme son public !

Vers la fin des études d'*Angelo*, en avril 1835, Hugo
eut tout à coup l'esprit traversé par une idée qui le
glaça jusque dans la moelle des os. Vous savez quel
succès de répétitions avait eu la pièce Le vrai drame
en prose, poignant, émouvant, gonflé de pleurs, allait
enfin se montrer à la Comédie-Française. Mais toute
la joie d'Hugo s'en alla quand il pensa à ceci :

— Comment va s'habiller mademoiselle Mars ?

— Mais, dit l'actrice adroitement interrogée, je
compte mettre une robe décolletée.

— Et pour coiffure ?

— Mais un turban surmonté d'un oiseau de paradis, et des boucles sur le front.

Voyez-vous la consternation du camp romantique ? Hugo parla comme il sait parler, puis il lâcha sur mademoiselle Mars l'éloquence, la verve, l'esprit-Protée de Dumas. On ne la quitta pas de quinze jours. On lui relut cent fois la scène sixième de la journée deuxième, où il est dit textuellement :

« ANGELO, *apercevant le manteau.*

« Qu'est-ce que ce manteau ?

        « LA TISBE.

« C'est un manteau que l'homme m'a prêté pour
« entrer dans le palais ; j'avais aussi le chapeau, je ne
« sais plus ce que j'en ai fait. »

Et l'on voulut expliquer à mademoiselle Mars l'impossibilité où elle se trouverait de prononcer cette réplique avec quelque vraisemblance, si elle avait sur la tête un turban surmonté d'un oiseau de paradis ! Louis Boulanger fit des croquis si beaux qu'ils eussent décidé même une danseuse de l'Opéra à porter un costume exact. Ces croquis, c'était tout le seizième siècle italien ! Enfin, le 28 avril, jour de la représentation, à cinq heures et demie, le procès fut gagné. Mademoiselle Mars promit. A sept heures et demie, elle entrait au foyer. Comment croyez-vous qu'elle fût costumée ?

— Sans doute avec la robe décolletée, les boucles sur le front, le turban et l'oiseau de paradis. Ce fut absurde !

Ce fut sublime ! Là est le vrai génie. Le costumier ne triompha pas, mais le poëte triompha et devint immortel tout de suite. Sans ce turban, les dames n'eussent pas adopté doña Sol, et il aurait fallu aux vers d'Hugo vingt années de plus pour être compris. Il n'y a pas de milieu. Il faut être mademoiselle Mars et porter des oiseaux de paradis, ou être madame Dorval et mourir à Saint-Marcel.

UN AUTEUR

CHEZ LES MARIONNETTES

Certes, ce fut un épouvantable cataclysme dans la vie du modeste et célèbre écrivain Dachu, quand mademoiselle Ingrémy, du théâtre Lazary, refusa brutalement le rôle de la *Fée des avalanches*, dans la pièce de ce nom, sous pretexte que ce n'était pas une ingénuité ! Avoir fait la révolution romantique au spectacle des Funambules en même temps que M. de Vigny à la Comédie-Française, avoir été Shakspere chez madame Saqui, et lord Byron au théâtre Lazary, pour recevoir, après vingt années, un pareil soufflet, voilà bien ce qui juge la gloire humaine ! Aussi ne chercherai-je pas d'expressions pour rendre l'affaissement dans lequel tomba Dachu. Après le coup de foudre du Destin, on vit de larges sillons se creuser sur le front de

cet homme illustre, qui jouissait d'une position magnifique dans les environs du café Achille.

C'est alors que lui revinrent en mémoire les char-
mantes choses écrites par le buveur Hoffmann, et plus
tard par notre Jules Janin, à propos des comédiens
de bois.—Je suis sauvé, s'écria-t-il, (et dans sa recon-
naissance, il bénissait aussi M. Magnin et la mémoire
du bon Nodier,) je trouverai à deux pas d'ici les acteurs qui me vengeront de l'ingrate! Ceux-ci, à la
bonne heure, ils ont le bon sens, l'esprit, la verve, et
surtout la naïveté, cette grâce ineffable et mystérieuse
des cœurs purs! O poëtes! mes amis, chers joueurs
de flûte et de guitare, laissez-moi vous remercier de
votre musique à laquelle je dois ma guérison, car je
me rappelle parfaitement la chanson que vous chantiez
à propos des marionnettes, et même, il n'est pas jusqu'à l'air sur lequel vous la chantiez, dont je n'aie
conservé une vague souvenance :

« Heureuse, disiez-vous en vos loisirs, heureuse la
muse qui préside aux aimables jeux de ces artistes en
bois! Heureux le directeur, heureux le poëte! Ils ont
sous la main, dans la main, une troupe complète, in-
dustrieuse et savante, habile au grand art de bien
écouter et de bien dire, sagement disciplinée et vernie
avec soin, fidèle à la tradition et assemblée avec de
bonnes chevilles, docile aux conseils et taillée en plein
cœur de chêne! Dans cette troupe sans égale, la can-
tatrice n'est pas malade du dernier succès de madame
Ugalde, et le jeune premier en vogue n'exige pas dans
son engagement qu'on lui donne la lune et que le régisseur lui cire ses bottes! Au contraire, ils sont toujours prêts à l'heure, assidus, zélés, brillants comme

des ailes de papillon, et, sans prétention à la dignité,
vêtus d'oripeaux magnifiques! Si le public se fâche,
ils restent là, doux, résignés, impassibles, sans mouchoirs mordus et sans attaques de nerfs; et, en re-
vanche, quand la salle croule d'applaudissements et
que la scène disparaît sous les fleurs, aucun d'eux ne
se gonfle d'orgueil, et ne s'écrie à la Louis XIV, en
toisant dédaigneusement le poëte : Le succès c'est
moi ! Bien plus, après ces ovations, ces triomphes, ces
apothéoses, ces furies de joie, les acteurs ne deman-
dent pas d'augmentation, et se laissent tranquillement
remettre dans leur boite, comme si de rien n'était,
tant demeurent honnêtes et mesurés, à travers les plus
grandes vicissitudes de la vie, ces doux, rares, savants,
dociles, inimitables et prodigieux artistes, les comédiens de bois »

Hélas! monsieur, disait une heure après à Dachu
l'excellent M. Polichinelle, vous ne sauriez douter de
l'empressement que je mettrais à obtenir pour mon
théâtre une œuvre nouvelle du fameux Dachu; mais
vous ignorez donc que je ne suis plus rien ici ? Mes
marionnettes ont déclaré qu'elles ne voulaient pas obéir
plus longtemps à un maître, et elles se sont réunies
en société. Je présente mes comptes à la société, et
j'adresse des rapports à la société! Tout ce que je puis
faire est de solliciter pour vous une lecture, et j'espère qu'on ne la refusera pas à un nom comme le
vôtre.

Dachu était étonné; il eut pourtant la force de saluer.

— Justement, reprit M. Polichinelle, nous atten-
dions M. Léon et M. Eugène qui devaient lire au co-

mité un drame intime, et qui ne sont pas venus. Le
comité est tout à point assemblé en séance, je vais
tâcher d'arranger votre affaire.

— Qu'on juge des mille sensations éprouvées par
Dachu lorsqu'il entra dans la salle des séances ! D'Ar-
lequins couleur de printemps fleuris, de Pierrots
blancs comme des lis, de Colombines rieuses sous le
paillon et sous les pierreries, de Mezzettins rayés de
rose, de docteurs, de capitans, de Bergamasques, de
matassins, d'Isabelles et d'Angéliques, il n'y en avait
pas plus que dans le sein d'une société abolitioniste
de Glascow ; écoutez bien !

C'était une salle à boiseries en chêne, à parquet en
chêne, à corniches en chêne, tendue en drap vert. Au
milieu de la salle était une table en chêne, couverte
d'un tapis de drap vert ; sur le tapis, des chaises de
poupée en chêne, rangées en demi-cercle ; sur les chaises
des marionnettes en cœur de chêne. Et quelles marionnettes ! Non pas ces délicieux enfants d'un rabot fan-
taisiste qui parcourent le monde au son des flûtes, roses
et folâtres, vêtus de soie et de clinquant et embellis
par les sourires d'une éternelle jeunesse. C'étaient des
marionnettes bourgeoises, à l'œil hébété, à la bouche
digne, préoccupées de la noblesse de leur profession,
et par leur seule pantomime assimilant l'art à un sa-
cerdoce, selon l'école Cramousot et M. Joseph Prudhomme.

Ceux-ci, M. Arlequin, M. Gilles, M. Mezzettin, tous
ayant de gros ventres, des crânes dénudés et des lunettes d'or, uniformément vêtus d'habits, de culottes,
de vestes, de bas noirs, avec la cravate blanche ; celles-
là arborant l'immortelle robe blanche à ceinture bleue,

avec la rose à biscuit de Savoie plantée sur le coin de
l'oreille : tradition sacrée ! Dans un coin de la salle,
le buste de feu Guignol, en bronze vert et posé sur un
piédestal en chêne, affectait cet horrible expression
d'argousin que les statuaires raisonnables croient devoir infliger aux grands hommes morts, sans doute pour
décourager les vivants ! Par un trou percé dans le pla-
fond passait une main humaine, puissante comme celles
des figures de Michel-Ange, et dans laquelle étaient
rassemblés les fils qui faisaient mouvoir les marionnettes.

Le pauvre Dachu entra au milieu d'un déchaine-
ment de crécelles, et parmi une indescriptible confu-
sion de voix de bois et de mouvements de bois qui
clapotaient sur le bois, comme durent faire en s'éveil-
lant les baguettes des tambours de la grande armée,
le jour de cette revue des morts racontée par le poëte
allemand et peinte par Raffet en ses lithographies ma-
gistrales. Si le lecteur a de l'oreille, je le supplie d'é-
crire ici, pour compléter la mise en scène, dix lignes
d'onomatopées cruelles. Dachu salua bien bas les petits
vieillards en bois aux crânes chauves et aux ventres
proéminents ; mais les uns avaient l'air de vouloir l'é-
gorger, et les autres de songer à le traduire en police
correctionnelle. D'ailleurs, tous s'agitaient comme dans
un chef-d'œuvre d'horlogerie allemande ; celui-ci tapait
sur sa chaise avec un couteau à papier ; celui-là, avec
la régularité d'un balancier, essuyait ses lunettes de
gauche à droite et de droite à gauche ; il y en avait
qui roulaient leurs yeux de bois, en redressant le laiton
de leurs abat-jour ; enfin, une voix, plus en bois que
les autres, claqua et clapota à Dachu :

« Humph! clap! claq! commencez! »

Dachu se mit à lire. Il lisait très-bien. Sa féerie se déroulait à travers les palais, les paysages, les cieux, les eaux, peuplés de fées, d'Ariels, de princesses, parmi cent mille belles imaginations et surprises, le tout assaisonné d'un esprit d'enfer et d'un comique à hérisser les cheveux de Bobèche. Mais, à la grande stupéfaction du poëte, les marionnettes n'écoutaient pas et causaient entre elles du grand chemin de fer central, de l'injustice des journaux et de la représentation de retraite de mademoiselle Diamantine, pour laquelle les places devaient être cotées à cent mille écus la pièce. Quand Dachu élevait un peu trop la voix, un petit vieillard en bois levait son bras tenu par un fil, ôtait ses lunettes, tournait ses yeux de bois et regardait Dachu avec colère. M. Arlequin, placé à côté de mademoiselle Colombine, lui tenait la main; et tous deux exprimaient leur flamme mutuelle par de si vives pressions et pamoisons, qu'à peine si on leur voyait encore le blanc des yeux; c'est ainsi que s'acheva la lecture.

Dachu se retira pour attendre son sort, mais, malgré les conseils du bon M. Polichinelle, qui voulait ménager son amour-propre, il ne put s'empêcher d'écouter à la porte, et il entendit par ce moyen les choses les plus inquiétantes. Au milieu du clapotement des voix de bois se croisaient les phrases suivantes :

— Et ajoutez que ce Dachu a des maitresses!

-- Il ne place pas d'argent à la caisse d'épargne.

— Il a fait des chansons; c'est un poëte.

À ce mot-là, Dachu frémit. Mais, ô surprise inattendue! tout à coup la duègne Barbara éleva la voix et prit éloquemment la défense de l'auteur. « Le

Théâtre des Marionnettes ne pouvait, disait-elle, repousser cette gloire consacrée. Elle convenait que la pièce manquait de simplicité et annonçait de mauvaises tendances ; mais il y avait des détails charmants et des rôles bien tracés, enfin, du style ! Si l'on fermait les portes à Dachu, on s'exposait à des critiques amères dans le journal des Fantoccini, toujours si cruels pour leurs rivales les marionnettes. Bref, la pièce fut reçue à corrections, et Barbara fut chargée d'annoncer elle-même cette bonne nouvelle à l'auteur.

— C'est à moi que vous devez cela, vous ne l'oublierez pas, grinça-t-elle en tournant vers Dachu une bouche amoureuse et des yeux à faire mourir un revenant, Je compte sur le rôle d'Abricotine !

— Mais, murmura timidement Dachu, mon Abricotine a douze ans.

— Raison de plus, s'écria la terrible petite duègne en bois.

A partir de cet instant, les événements se succèdent avec la rapidité de la foudre.

Dachu supplie M. Gilles de l'aider à faire les corrections. M. Gilles y consent. La *Fée des avalanches* devient *Une Passion grave*, drame intime. L'avalanche est remplacée par un hôtel garni, et la fée par la maîtresse de l'hôtel garni.

On procède à la distribution. Dachu veut donner le rôle d'Abricotine à Barbara. Le directeur oppose son véto. Dachu retire son manuscrit. M. Polichinelle lui fait un procès. L'avocat de M. Polichinelle établit que Dachu est séparé de sa femme et qu'il lit Paul de Kock. Dachu est condamné à livrer son manuscrit et à payer à M. Polichinelle 27 francs par jour de retard.

Dachu cède, donne le rôle d'Abricotine à l'ingénue et celui de la duègne à Barbara.

Il reçoit les lettres suivantes :

« Monsieur,

« Vous insultez une femme ; vous êtes un lâche. Reprenez votre stupide rôle, et croyez au mépris de

« BARBARA. »

« Monsieur,

« J'aurais été très-heureux de créer le rôle d'Almanzor dans votre magnifique ouvrage ; mais, puisque notre illustre camarade Barbara abandonne son rôle, je crois de ma dignité de faire comme elle, n'espérant pas réussir devant le public sans l'appui de ce beau talent, surnommé, à si juste titre, le strass du Théâtre des Marionnettes, comme Cidalise en est le chrysocale. Croyez aux regrets de votre admirateur

« MEZZETTIN. »

Plus, vingt lettres rédigées sur le même modèle, avec ce seul changement : Puisque notre illustre camarade Mezzettin... puisque notre illustre camarade Gilles..., etc.

Mais pendant ce temps, mademoiselle Ingremy avait fait ses réflexions. Devant le mauvais vouloir des marionnettes, M. Polichinelle dut céder et rendre la pièce de Dachu, qui obtient chez Lazary un succès de rage. Les marionnettes sont allées trouver Dachu et le supplient de leur donner une autre pièce. Il veut une vengeance et se fait prier ; mais il cédera, car les ma-

rionnettes parlent déjà de Meyerbeer, de Cambon et
Thierry, et d'une prime qui vaut la peine de faire ses
réflexions. Avant un an d'ici, Dachu publiera son
Théâtre, et il aura sa caricature chez Nadar.

L'ARMOIRE A GLACE

La femme est le plus merveilleux mélange de force
et de grâce que la nature ait pu créer; elle est belle,
elle est intelligente; ingénieuse partout où nous
sommes bêtes; elle donne la vie à la soie, aux mé-
taux, aux diamants, qui sur elle deviennent des pa-
rures vivantes, célébrant ces magnificences.

Elle sait coudre et faire le thé.

Sur son front elle secoue, comme les lions, une
crinière dorée; dans ses yeux elle a, comme les étoiles,
des lueurs charmeresses. Au milieu de la civilisation,
elle a gardé, au contraire de nous, les dents blanches,
fortes et terribles de l'animal carnassier, et ses lèvres
épanouies semblent une fleur sauvage.

Comme nous, elle a su chanter sur la lyre de la
poésie, dompter les chevaux et faire la guerre; le
ridicule glisse sur elle comme une goutte d'huile sur

le porphyre, puisque depuis deux mille ans elle a pu
être impunément comparée aux roses. Enfin, sous les
baleines qui la martyrisent, sous l'acier qui l'éventre,
dans les brodequins qui la mettent à la question, elle
a su préserver la beauté de son corps. Et nous, avec
des vêtements aisés, commodes, faciles à porter, qu'en
avons-nous fait, ô Phidias! Dans les jeux de l'esprit
et du raisonnement, nous avons brisé notre grand le-
vier humain, la volonté. La femme a conservé sa volonté intacte, comme les enfants et comme les sauvages.

Qu'un politique mette à accomplir un grand dessein
la violence, l'âpreté, l'invention, la ruse hypocrite
qu'emploie à obtenir un châle la dernière petite bourgeoise, l'Europe ne lui résistera pas six semaines. De
notre temps, au contraire, il ne s'est pas rencontré
même un artiste ayant assez de suite dans les idées
pour continuer à rester tout bonnement ce qu'il était,
et pour ne pas briser de ses propres mains l'édifice
de sa renommée. La femme seule sait vouloir.

Elle sait aussi souffrir! Elle est dévouée, chaste,
même dans le vice; elle sait pleurer, elle a gardé
pour elle la prière, la charité, le signe de la croix,
tous les témoignages que Dieu nous avait donnés pour
nous faire reconnaitre par les esprits célestes. A toutes
les époques, elle a su se trouver une figure que les
arts pussent représenter exacte et grandiose; dictant
ainsi elle-même son histoire à l'Ode, à la Peinture, à
la Statuaire. Amoureuse, elle sait imiter le langage
des enfants et le langage des mères, ces deux harmo-
nies d'une séduction irrésistible. On la nomme ange
et déesse, et ces deux noms arrivent à la désigner en

effet. La femme est-elle un être d'une essence divine, connaissant sa divinité, mais à qui la Providence n'a pas permis de révéler ce secret prodigieux? et quand deux femmes sont réunies loin du regard des hommes, peuvent-elles parler entre elles de ces miracles?

Est-ce ainsi que nous devons expliquer ces mystérieuses amours d'où nous sommes chassés, et qui nous font marcher dans la vie inquiets, effarés, comme un voyageur dans une contrée qu'il sait pleine d'invisibles abîmes recouverts de branchages et de feuilles mortes?

Ainsi, dans le calme silence des nuits, aux heures où le bruit que fait en oscillant le balancier de la pendule est mille fois plus redoutable que le tonnerre, aux heures où les rayons célestes touchent et caressent à nu l'âme toute vive, où la conscience a une voix, et où le poëte entend distinctement la danse des rhythmes dégagés de leur ridicule enveloppe de mots; à ces heures de recueillement douloureuses et douces, souvent, oh! souvent, je me suis interrogé ainsi moi-même avec épouvante, et j'ai tressailli jusque dans la moelle des os. Et, quand on y songe, qui ne frémirait en effet à cette idée de vivre peut-être au milieu d'une race de dieux implacables, parmi des êtres qui lisent peut-être couramment dans notre pensée, quand la leur se cache pour nous sous une triple armure de diamant? Quand on y songe!... Le mystère de l'enfantement leur a été confié, et peut-être le comprennent-elles? Peut-être y a-t-il un moment solennel où, si le mari ne dormait pas d'un sommeil stupide, il verrait la femme tenir entre ses mains son âme palpable, et en déchirer un morceau qui sera l'âme de son enfant ! Et nous ne tremblerions pas près de ces êtres qui vivent dans des mondes fermés pour nous ! Regardez les yeux d'une femme au moment où vous venez de discuter avec elle et de la battre complétement dans la discussion. Ils disent, ils disent distinctement : « Comme il me serait facile de triompher si je pouvais parler ; mais

Ici s'arrêtent les choses que les hommes ont le droit de savoir. »

Ainsi je songeais, effrayé, cette nuit même encore, nuit du vendredi 23 au samedi 24 septembre 1853, quand soudain, comme l'éclair d'orage déchire un ciel noir, une consolante réflexion a agité son glaive de feu dans ma pensée obscurcie. Je suis rassuré ! La femme n'est que la femelle de l'homme, elle a la beauté, la grâce, la force, le génie, la tendresse ; mais elle n'est rien de plus qu'une femme. Le divin Sculpteur, qui l'a pétrie comme nous avec de la fange avant de l'animer d'une flamme céleste, lui a infligé deux signes certains de son origine matérielle.

J'en ai fait la découverte, et je l'annonce à l'univers.

Il y a dans le cerveau de la femme deux petits points par lesquels elle est au-dessous de toutes les créatures organisées.

Premier point. Le vin, cette âme de la grappe, cette liqueur du soleil, chaude comme le jour, colorée comme la pourpre, limpide comme le cristal, étincelante comme les rubis cachés dans la terre avare ; le vin, ce flot sacré qui contient l'inspiration, l'amour, la folie, l'espérance, la rêverie, l'oubli, la féerie, tous les biens de la terre ; le vin savoureux et rafraîchissant ;

La femme ne l'aime pas ! Elle ne sait pas ce que c'est.

Pareille à ces vampires qui, fourvoyés dans un festin humain, goûtent à nos mets de peur d'être reconnus, mais n'y trouvent que l'abominable saveur de la poussière et de la cendre, les femmes boivent du vin à nos festins ; mais le Laffitte, le Château-Margot, le Romanée, ne caressent pas leur palais plus agréablement que ne le ferait l'eau saumâtre du sombre Océan. Ce qu'elles aiment à boire, c'est le café au lait, le sirop de groseilles, le bouillon des écrevisses à la bordelaise, la tisane de Champagne et la limonade gazeuse. Qu'on me pardonne cette énumération ; mais la science doit toucher sans dégoût à toutes les plaies.

Second point, beaucoup plus grave, et objet sérieux de cette méditation ! La femme aime L'ARMOIRE A GLACE.

Un monstre s'est trouvé pour imaginer, exécuter et répandre à foison sur la surface de la terre, le plus platement hideux, le plus grossièrement bête, le plus ignoblement canaille de tous les meubles : l'armoire à glace. Eh bien ! si riches que nous ait laissés le moyen âge en supplices de tous les genres, aucun des supplices connus n'a été appliqué à ce grand coupable. On ne lui a pas appliqué la question du feu, ni la question de l'eau, ni les brodequins, pour lui faire avouer les noms de ses complices. Il n'a pas subi le garrot, il n'a pas pas été roué ni brûlé en place de Grève ; il n'a pas eu le poing coupé, il n'a pas été

traîné sur une claie, et ses cendres n'ont pas été
dispersées aux quatre vents du ciel.

C'est que cet homme servait d'instrument à l'un
des grands desseins de la Providence.

En laissant inventer l'armoire à glace et en inspi-
rant à toute créature du sexe féminin un amour
monstrueux, effréné et désordonné pour cette caisse
crapuleuse, la suprême Intelligence a voulu exprimer
éloquemment que, malgré ses éblouissantes perfec-
tions, la femme doit être seulement chérie comme
une créature et non adorée comme une divinité.

Depuis l'invention du meuble, c'est entre les
femmes et les hommes de goût une lutte patiente,
acharnée, irréconciliable, dans laquelle l'homme est
toujours vaincu. Toute femme a, a eu, ou aura une
armoire à glace. Refusez-la-lui : la femme, même
duchesse, prendra vingt amants, vous ruinera et boira
de l'eau-de-vie.

A quoi croyez-vous que rêvent les petites pension-
naires? à des amoureux? Non pas ; à une armoire à
glace ! Et les filles de portière? A une armoire à glace !
Sous son rideau de liserons, dans la poétique man-
sarde où elle chante et travaille près des oiseaux du
ciel, c'est à une armoire à glace que la pauvre fille
du peuple, aux bras hardis, aux riches épaules, élève
ses rêves de seize ans. Qu'on s'en souvienne bien,
entre une armoire à glace et nous, la femme n'hé-
site jamais.

La femme n'ignore pas pourquoi un homme bien
né qui prend une nouvelle maîtresse tarde tant et si
longtemps à aller chez elle ; elle sait bien que c'est
par frayeur d'y trouver la traditionnelle armoire à

glace. Aussi, lorsqu'à la première inspection du mo-
bilier le regard de l'homme s'arrête avec désespoir
sur le coffre fatal, vous voyez s'éveiller et fleurir sur
les lèvres de sa maîtresse le sourire triomphant de
Vénus Victorieuse, qui y restera pour cette circon-
stance jusqu'à la consommation des siècles.

Les anecdotes abonderaient, et je les épargne au
lecteur. La marquise de B... dépérissait du spleen
ruineux. Ennui, vapeurs, tentures, mobiliers et por-
celaines changés tous les huit jours. Tout à coup elle
se consola. « Bon, pensa le marquis en se frottant les
mains, ma femme a quelque galanterie, elle va être
charmante ! » Pourtant, il ne put se défendre de quelque ennui en s'apercevant que la marquise s'enfermait
pendant des heures dans l'appartement de sa femme
de chambre favorite. Il crut à quelque indigne amant,
et épia. La belle, l'adorable Séraphine, cette perle sans
pareille de la noblesse française, passait ses heures
avec Justine à se peigner devant une armoire à glace,
et à ranger dans cette même armoire à glace de la
lingerie inutile : le tout pour avoir le plaisir de ranger
du linge dans une armoire à glace, et de se peigner
devant une armoire à glace. Le marquis soupira un
peu en songeant au million qu'il a dépensé pour ras-
sembler dans les boudoirs et dans les cabinets de
toilette de Séraphine les plus riches miroirs de l'Europe ; mais il se résigna ; qu'aurait-il pu faire ?

Les hommes ont bien essayé d'un compromis. Ils
ont fait créer par de grands artistes et lancer par d'audacieux marchands d'objets d'art des armoires à glace
d'un beau style, en ébène, en Boule, en bois de rose.
Les femmes ont compris la ruse, et pas une d'elles n'a

voulu accueillir chez elle une seule de ces armoires. Elles aiment l'armoire à glace, mais elles l'aiment ignoble, en sale acajou rouge, à moulures brutales, à angles carrés, quelquefois même surmontée par-dessus la corniche d'un prétentieux diadème à corbeille de fleurs sculptées, comme les dessus de poêle. En un mot, l'armoire à glace c'est, et je me résume dans un axiome destiné à ne pas périr :

L'armoire à glace, c'est l'infirmité de la femme !

LES FÉERIES DU ZINC

J'ai un ami qui est resté artiste, malgré tout ce qui s'est passé depuis la première représentation d'*Hernani* jusqu'à la publication du roman de madame Henriette Beecher Stowe. Et, à ce sujet, je suis heureux de le répéter ici, je n'ai pas lu cette *Case de l'Oncle Tom !* Je demande à faire un syllogisme : madame George Sand a écrit des articles dans lesquels elle proclamait les vers de M. Charles Poncy, ouvrier maçon, bien supérieurs aux vers des *Orientales;* or, j'ai lu les vers de M. Poncy et je sais par crur les *Orientales;* donc, je ne lirai jamais la *Case de l'Oncle Tom,* si souvent recommandée par madame George Sand! Oui, *François le Champi;* oui, la *Petite Fadette;* oui, la *Mare au Diable;* mais pas du tout la *Case du Père Tom,* si ce n'est dans le sublime *Tintamarre!* Mais ceci est une digression. J'ai un ami, ai-je dit, et je reviens à cet enthousiaste.

Enfant encore, il vivait parmi les artistes romantiques de 1830, qui tombèrent dans mille ridicules, mais qui, du moins, furent sérieusement grands par leur sincère amour de l'art et par l'ardent désir qu'ils avaient de le ressusciter. Alors, on s'en souvient, les poëtes, les peintres, les statuaires, les graveurs, les ciseleurs, liaient entre eux des commerces d'amitié et tâchaient de donner à ces arts matériels une seule et même âme, pareille à un souffle emprunté au mouvement sacré de l'Ode. Dans ce temps-là, un écrivain n'avait pas, comme aujourd'hui, le droit de ne pas savoir distinguer une lithographie d'une eau-forte, et une image de M. Scheffer d'avec un tableau de Raphaël. Les auteurs dramatiques donnaient à leurs pièces le luxe de l'orthographe, et se mêlaient quelquefois de belles-lettres; les éditeurs de romans comptaient sur un autre public que celui des portières, et faisaient imprimer les livres avec assez de luxe pour qu'il ne fût pas insensé de vouloir les mettre dans une bibliothèque. Enfin, chose plus inouïe, il n'était pas très-rare alors de rencontrer un tableau chez l'écrivain ou un livre chez le statuaire, et les chefs-d'œuvre de la scène française ne se bâtissaient pas exclusivement au café des Variétés. On aimait, un peu à l'aventure peut-être, les joyaux, les étoffes, les armes, les dentelles de pierre, l'or ciselé, les meubles rares, les manuscrits précieux, les belles gravures. Mon ami a eu la sottise de conserver ces goûts frivoles ; aussi semble-t-il un sauvage dans notre Paris, où il n'y a plus d'autre livre que l'*Oncle Tom*, plus d'autres gravures que les illustrations de l'*Oncle Tom*, où tous les théâtres ont joué l'*Oncle Tom*, où les carafes, les verres, les foulards et les bas-reliefs d'armoires à glace représentent exclusivement l'*Oncle Tom*.

Hélas ! il n'avait jamais rêvé les nègres vêtus en saint Vincent de Paul, recueillant des babys dans la neige, et donnant des soirées pour y lire à leurs invités l'*Imitation de Jésus-Christ*. Il les croyait destinés surtout à être baignés de lumière et habillés de soie écarlate dans les tableaux des coloristes, où ils s'avancent, le regard stupide, et portant de belles aiguières. Hier, j'ai rencontré ce rêveur dans la rue Montorgueil. Il était en habit de voyage. Derrière lui marchaient deux valets portant des malles, des valises, des fourreaux, des sacs, tout le miraculeux attirail de la moderne corroierie anglaise et française.

— Adieu, me dit-il, je pars pour toujours. Je vais au Havre, où je m'embarquerai pour n'importe où, sur le premier navire venu !

— A cause de l'Oncle Tom ? lui demandai-je. Mais quoi ? et les femmes ! Vous n'ignorez pas que, partout ailleurs qu'à Paris, il n'y en a pas. Et nos campagnes, les seuls jardins du monde, Ville-d'Avray, Bougival ! Et ce vieux Louvre que vous avez eu à peine le temps de regarder, depuis qu'il renaît, printemps de pierre éclose et fleurie ? Et vos livres, vous, si aristocrate, et je vous en loue, ô fils d'Harmodius ! espérez-vous trou-

ver là-bas Capé ou Niédrée pour vous les relier? Sans
compter que, sur toute la surface de la terre, le tabac
à fumer est infumable, et que, dans toute la Califor-
nie, on chante les chansons du cruel M. Henrion, et
M. Henrichs, agent officiel de la chansonnette, y a
lui-même un agent!

— Ami, me répondit-il, vous voulez savoir en effet
pourquoi je quitte le seul paradis du monde où les
femmes aient leurs bas bien tirés, et leurs cheveux
convenablement peignés au peigne fin? Regardez!

Et justement nous étions arrivés devant une de ces
boutiques de zinc déguisé en bronze, qui, dans tout
Paris, étalent aux yeux leurs objets d'art éclairés par
des chandelles, et jonchés de fleurs artificielles en
papier.

— Regardez! disait il en me montrant le magasin
immense. Vous me demandez pourquoi je fuis la patrie, et pourquoi je laisse ces champs pleins de dou-
ceur? Le zinc! le zinc! le zinc! Voilà mon *tarte à la
crème!* Il y avait déjà le cuivre estampé, monstrueuse
invention d'un criminel dont l'avenir clouera le nom
à un immortel pilori, comme celui de Barrabas et
comme celui de l'homme qui a livré une femme! Oh!
bominables feuilles de cuivre, nids à sale poussière, nonteu... et sauvage parodie des sculptures do-
rées, elles ont empoisonné la vie privée et la vie publique! Comme des serpents, elles ont grimpé dans le
temple, sous l'œil de Dieu; elles se sont installées
dans les palais; elles nous bravent du haut de nos
ciels de lit, du haut de nos croisées et de nos portières,
dont elles déshonorent l'étoffe! Soyez poëte, rêveur,
amoureux, avec ces reliefs criards qui vous pincent les

nerfs, et qui, jusque chez la bien-aimée, vous rappellent que, fussiez-vous millionnaire, toujours quelque bourgeois armé d'un papier timbré a le pied sur votre poitrine ! Grâce à cette cuivrerie de l'enfer, ils sont arrivés à déguiser la salle des Italiens en boite de bonbons, celle de l'Ambigu en glace à la pistache, celle du Palais-Royal, en un sac de chez Berthellemot ! Tenez, quand on voit passer dans la rue Sainville ou Hyacinthe, on sourit à ces bonnes figures, qui, tant de fois, vous ont donné l'heureuse joie de la folie ; moi, quand je les rencontre, je sens des mouvements de haine, et j'ai envie de les égorger, car leur souvenir se lie, pour moi, à celui du cuivre estampé, qui, cent fois, a manqué faire de moi un criminel. Ils sont gais, spirituels, charmants ; ils récitent avec une verve céleste la prose de Labiche et celle de Siraudin ; ils seraient, s'ils le voulaient, les comédiens d'Hoffmann, de Watteau et Shakspere ; on les adore et on a raison. Eh bien ! je les hais, à cause du cuivre estampé de leur salle ! Le bon Sainville est reçu partout avec la considération qui s'attache à son talent distingué et à son cœur honnête ; il faut voir avec quels égards on l'accueille au foyer de la Comédie-Française, lorsque, ôtant son chapeau, il découvre son vénérable front chauve, et quand, par la bouche de cette ganache épique, Dumersan vient causer avec Molière. En bien ! il ne saura jamais qu'il a risqué mille fois sa vie en passant près de moi ! Car les heures pendant lesquelles je l'ai entendu ont été les plus douloureuses de ma vie ; j'avais sous les yeux le sale, le maudit, l'infernal cuivre estampé.

— Ma foi ! répliquai-je, le cuivre estampé n'est pas

précisément joli, et toutefois j'aime encore mieux vivre à Paris avec le cuivre estampé que dans l'Amérique du Sud avec les serpents. Mais, quant à vous, c'est bien différent : si vous devez nous tuer Sainville, allez-vous-en tout de suite ; ne nous ôtez pas d'un seul coup toute la spirituelle gaieté, toute l'aimable bonhomie, toute la verve effrénée de notre théâtre moderne, à la fois le Bourru bienfaisant et Sganarelle, Orgon et Chrysale, le Bourgeois de Daumier et le Claudio d'Alfred de Musset. Partez vers des enfers nouveaux et des brises plus clémentes, et, n'en doutez pas, quand le bon Sainville sera au courant, il regrettera comme moi que vous n'ayez pas pu vous arranger avec le cuivre estampé.

— Oh ! dit-il, ce n'était rien encore, ce cuivre. A présent, il y a le zinc ! Oh ! le zinc ! Voyez ! sous une peinture boueuse et noirâtre, il se déguise en bronze et il avilit une des plus nobles industries de l'art ! Oh ! horreur, horreur, comble de l'horreur ! Regardez les bougeoirs à neuf sous, les encriers à dix-neuf sous, les flambeaux à vingt-neuf sous, les candélabres à neuf francs, les pendules à trente-neuf francs ! Voyez ce zinc hideux ! Il s'enroule en acanthes, il se déploie en feuillages, il se tresse en guirlandes de roses ; rameaux et floraisons, il n'a rien respecté dans la nature ; il lui a emprunté, pour les parodier, tous les aspects de l'été et du printemps, et jusqu'aux vignes chargées de fruits du joyeux automne. Il a déshonoré, vilipendé, traîné dans sa boue, sali sous sa vilaine sauce noire les plus divins motifs d'Antonin Moine, de Klagmann, de Feuchères et de Cumberworth ; il parodie les figures de Decamps, de Delacroix, d'Eugène Lami, ce grand peintre de l'élégance? Et à la Poésie, croyez-vous qu'il lui ait laissé quelque chose? Tournez-vous par là, si le sang ne vous jaillit pas des yeux à la vue de pareilles infamies, et regardez les pendules en zinc! Oh! que de zinc mal employé, et qui aurait fait de si belles gouttières pour préserver les monuments de la pluie! Je ne vous parle pas des socles, de ces ornements hybrides qui feraient tressaillir les diables d'enfer comme dans l'eau du bénitier, de ces cartouches, de ces volutes, de ces fleurs empruntées à une Flore insensée, de ces blasons aventureux qui eussent jeté M. d'Hozier dans une sombre folie. Mais contemplez les objets d'art en zinc qui surmontent ces piédestaux en zinc, et ces cadrans en zinc à chiffres en zinc, à aiguilles en zinc; zinc peint, zinc bronzé, zinc argenté, zinc doré! Tenez, voilà Daphnis et Chloé, en zinc, première pendule! celle-ci me prend à la fois Longus, Amyot et Paul-Louis Courier! Seconde pendule en zinc : Sarah la baigneuse; celle-là m'enlève les *Orientales* et Victor Hugo tout entier. Voici Goëthe en zinc, Voltaire en zinc, Sapho, que de souvenirs! Sapho coulée en zinc! Voilà le Giaour en zinc, à la fois lord Byron et Delacroix; puis enfin la Joueuse d'onchets, puis... comment prononcerai-je ces mots horribles? la Vénus de Milo en zinc !!! Et je resterais ici! Non, chantez sans moi, poëtes, sur cette lyre de Ronsard qu'Hugo a tirée de la poussière et dont il a su tendre pour vous les cordes heureuses; coulez sans moi Romanée, Clos-Vougeot, dans le cristal ravi de vos pourpres, et vous, femmes, soyez belles! Hier, je suis allé pleurer sur les genoux de ma maîtresse; en relevant la tête, j'ai vu sur sa cheminée des coupes en zinc, des candélabres en zinc, une statuette en zinc, et elle est riche, belle, instruite ; jugez des autres ! Tout à l'heure, au moment de fuir pour jamais le pays où dorment les cendres de ma mère, je suis allé m'agenouiller dans une église et prier pour elle ; en relevant les yeux, j'ai vu sur l'autel des flambeaux en zinc dans lesquels brûlaient des bougies de stéarine ou suif épuré. Adieu donc !

— Adieu, lui dis-je, et, puisque vous fuyez à l'aventure par les chemins inconnus de l'univers, écrivez-moi. Et si, quelque part dans le Sahara ou parmi les glaces du pôle, dans le pays des huttes enfumées ou dans les forêts délicieusement vertes encombrées de lianes, peuplées seulement de tigres, de serpents et de perroquets, il se trouve seulement un arpent de terre du bon Dieu où n'aient pénétré ni le cuivre estampé ni le zinc, faites-le-moi savoir ! Je suis un peu de votre avis, et quand le zinc m'aura fait trop de chagrin, j'irai vous rejoindre !

DES TYPES COMIQUES

CRÉÉS

PAR LA COMÉDIE MODERNE

M. MAYEUX. — ROBERT MACAIRE. — BILBOQUET.
M. PRUDHOMME. — JEAN HIROUX

Quand l'immortel Molière mourut, debout comme un empereur romain, sur la scène qu'il avait illustrée, quand s'acheva, au milieu des huées de la populace, cette funeste tragédie qui eut pour exposition la dernière scène du *Malade imaginaire*, ô prodige! ces noms, Valère, Éraste, Clitandre, Marianne, Célimène, Orgon, Sganarelle, que Molière avait pris au hasard des grandes routes et de la comédie grotesque, ces noms de comédie étaient devenus entre ses mains des types vivants, des hommes de chair et d'os éternels comme Alexandre et César. Molière, ce mortel chétif et malade, avait, comme autrefois Dieu, créé des dynasties, et, comme Epaminondas mourant, il laissait après lui des filles immortelles. Ces types, ces hom-

mes bâtis d'alexandrins, qui réclament aux autres
hommes leur place au soleil, ce sont les vraies, les seu-
les preuves d'existence que laisse après elle une comédie qui a existé, et ce serait une admirable histoire à
écrire que celle des types de Molière! Mais ajoutez
ensemble Balzac et Paul de Kock, la satire de Karr et
la satire de Léon Gozlan, l'enthousiasme de Gérard de
Nerval et la furie de Théophile Gautier; enfin la force
et la grâce, l'esprit et le paradoxe, tout ce qui tient
une lyre ou une plume, Musset et Méry, toutes les
gloires et toutes les espérances, peut-être manquera-
t-il quelque chose encore pour faire ce beau livre? Et
cependant il y aura pour nos neveux un livre plus
grand, plus audacieux, plus un et plus varié, plus
difficile à écrire que ce livre impossible! Ce sera l'histoire des types créés par notre comédie. Car, osons le
dire à notre louange, nous avons su après Regnard,
après Beaumarchais, après le grand poëte Désaugiers,
après Dancourt, cet historien hardi, créer nous-
mêmes et pour nous une comédie plus simple, plus
vraie et plus complexe que cette admirable comédie,
la comédie de nos pères! Oui, il faut bien que quel-
qu'un ait enfin le courage de l'écrire quelque part,
cette funèbre comédie du dix-neuvième siècle, ramas-
sée au hasard du jour le jour dans les chiffons de la
muse populaire par les poëtes et les vaudevillistes; cette
farce barbouillée et sanglante que nous savons faire
a, plus que toutes les autres, sans en excepter la farce
de Molière et d'Aristophane, la cruauté et la terreur
qui font de la grande comédie! Mais, rassurez-vous.
Je ne veux pas, comme Atlas, porter un monde sur
mes épaules; je n'ébaucherai pas l'histoire des Har-

pagon et des Clitandre rêvés par nos chansonniers modernes ; j'essaye seulement d'enregistrer pour les Saumaise futurs les noms qui devront flamboyer dans leur œuvre comme les paroles mystiques au mur de Balthazar ébloui de lumière et de chants! A la première page de ce livre d'or, le premier nom qui s'étale orgueilleusement à nos regards, c'est le nom hyperbolique et fantasque de M. Mayeux. Singulière création que ce Mayeux vantard et poltron, adoré de la même populace qui a tant sangloté d'horreur au funèbre drame d'*Antony!* C'est qu'aussi ce bossu enthousiaste, spirituel et libertin, républicain et garde national, voltairien qui lâche de gros juremcnts et se déguise en Napoléon, représente bien la triste gaieté bourgeoise de 1830, comme Antony représente bien l'émotion vide et inerte de cette époque d'émeute, dont les héros sont restés gamins sous leurs cheveux gris! Qui a inventé Mayeux, ce petit-fils de Polichinelle et de Thersite, digne d'Homère et de l'auteur inconnu de Polichinelle? Faut il le demander? Ce sont, comme toujours, ces rapsodes inconnus, poëtes de la clairière ou du carrefour, par qui s'invente tout ce qui s'invente en France ; car voici la marche fatale de toute idée. Elle naît un jour de quelque père inconnu qui l'emprunte à la grande âme de la foule et la jette toute frémissante dans le moule grossier de son ode, qui sera une ode éternelle comme : *C'est la ville de Moscou, on dit qu'elle est jolie!* ou bien : *Un jeune capitaine revenant de la guerre, cherchant ses amours!* De là, découverte par quelque jeune et obstiné chercheur, caricaturiste ou poëte, elle arrive aux apothéoses du petit journal. Du petit journal au

grand journal, le chemin est facile. Et du grand journal, ô honte! l'idée qui a commencé sa marche ré-
trospective arrive enfin aux suprêmes gémonies du
vaudeville. Car, tel que nous l'ont fait de mauvais ouvriers, le vaudeville, ce genre qui devrait être par excellence l'ode, la comédie, la chanson française, est
devenu la tombe obscure et honteuse des vieilleries les
plus caduques, un Clamart et un Montfaucon livrés à
des carabins sans scalpels et sans inscriptions! C'est
sur la porte du Vaudeville qu'on aurait dû écrire le
fameux mot du Dante! Cependant Mayeux était né dans
ce monde obscur et féerique de l'ode populaire,
comme le roi du monde dans sa crèche immortelle.
Celui qui vint le saluer le premier, guidé par quelque
étoile inconnue, fut un des rois de la caricature, cette
guerre spirituelle et sauvage qui faisait trembler les
rois de la terre en 1830, du temps de Benjamin et
de Philippon... Mais où sont les neiges d'antan? Celui-
là est un de ces tristes et farouches soldats de l'art
qui vont chercher leur poésie dans ce monde de fange
et de vin bleu, de misère, de crime et d'amour brutal
qui braille sa triste complainte dans le troisième dessous des capitales; un de ces satiriques qui ont parfois du génie à force de hasard et de douleur, malgré
les refus et les froideurs de la muse! Car, avec sa
composition infime, son pâle crayon et toute sa tris-
tesse, il a laissé des chefs-d'œuvre, ce Traviès! et son
chiffonnier seul eût fait rêver Rembrandt, prince des
ténèbres flamboyantes. Quand Traviès eut rencontré
Mayeux, ce fut pour lui une grande joie et une grande
trouvaille, cette satire vivante si rageuse et si cruelle,
et toute parisienne! Traviès devint tout de suite l'ami.

le compagnon et le complice de Mayeux ; il lui donna
ce masque inouï de loustic et de faune, il l'habilla en
Napoléon, en Hercule, que sais-je ? en garde national; et il lui mit à la bouche, comme un défi jeté à l'O-
lympe, cet immortel *Nom de D...*, auprès duquel le
Qu'il mourût! et le *Quos ego*, ne sont pas du sublime.
Mayeux fut reconnaissant pour Traviès, qui lui avait
donné un sérail, un si bel habit vert-pomme et tant de
mots cruels, histoire de rire! A-t-il aimé la gloire,
le champagne, Béranger et les grisettes, ce Mayeux!
Il a eu toutes les gloires, toutes les poltronneries,
toutes les ironies, toutes les fièvres de cette époque
de 1830, et, comme l'enthousiasme, le lyrisme et
la fausse grandeur de cette épopée mesquine, il s'en
est allé en fumée de vaudeville, non sans avoir im-
mortalisé Traviès pour quelques semaines. O revers!
ô leçon! dit Victor Hugo. Mais venons au vrai roi,
au vrai poëte, au vrai comédien de la comédie moderne, à Robert-Macaire. Aussi bien, il y a longtemps déjà que ce grand nom brûle ma plume, à moi
indigne! Cette histoire-là, voyez-vous, l'histoire de
Robert-Macaire, il faudrait l'écrire avec une plume
d'aigle ensanglantée, accroupi sur quelque rocher
noir et sublime, comme ces rochers de Pathmos du
haut desquels saint Jean épouvanté laissa ruisseler sur
le monde les horribles splendeurs de son épopée! Ah!
pourquoi les caractères typographiques ne sont-ils pas
faits d'or et d'écarlate? Figurez-vous une foule assemblée pour voir représenter un mélodrame vertueux
par Frédérick-Lemaître. Cependant il se trouve qu'à
force de vertu et de niaiserie ce mélodrame est devenu une apothéose flamboyante de la Bohême et du

crime, un chef-d'œuvre comme Balzac doit en écrire
plus tard. La toile se lève, et tout de suite d'étonnements en étonnements le peuple du boulevard croit le
monde bouleversé, et qu'un nouveau déluge est venu.
O surprise! à présent c'est la vertu qui est ridicule,
la famille, l'honneur, la royauté, la loyauté, tout ce
qu'on adorait, c'est cela qui est ridicule, et le vice est
bouffon, comique, entraînant, plein de verve et de
fantaisie Le couteau sanglant s'égare en concetti, le
bagne plaisante, l'assassinat fait des mots! Le bagne!
il a volé la pourpre des Césars et il s'en est fait une
culotte; il insulte Vénus elle-même; sous cette culotte rouge il a des souliers de femme, à cothurnes!
L'amitié aussi est éventrée par la sublime invention de
ces amis intimes qui s'égorgent toutes les fois qu'ils y
pensent. Chose plus grave, dans ce drame d'assassins,
de gendarmes et de gens assassinés, c'est le gendarme
qui est sacrifié, ce sont les gens assassinés qui ont
tort; l'assassin a les rieurs pour lui, et on couche
avec les femmes des commissaires de police! Enfin
l'amour lui-même, ce roi du monde, est insulté en
compagnie d'Alfred de Vigny (qui, *dans sa tour
d'ivoire, avant midi rentrait*,) [1] dans le splendide
personnage d'Eloa, ce rêve de madame Dorval! Quant
à Aristote, jugez ce qu'il devient dans une comédie
qui se dénoue par un ballon illuminé en verres de
couleur! Quand ce drame inouï posa sur notre scène
ses pieds chaussés de bas troués, de souliers de femme
et de bottes à l'écuyère, le peuple comprit qu'il venait de se faire de grands écroulements quelque part,

---

[1] Sainte-Beuve, *Pensées d'Août.*

il tressaillit dans sa force comme le jour où il avait vu jouer le *Mariage de Figaro*, ce prologue de *Robert-Macaire*. Inquiets, les équipages affluaient au boulevard du Temple, et venaient voir ce drame sans rien comprendre, toujours comme au chef-d'œuvre de Beaumarchais. Frédérick, apôtre sans le savoir (contrairement à Jean Journet,) semblait couronné de rayons.

Le soir de cette représentation, qui fut comme un bombardement immense du passé des peuples, il n'y eut plus en Europe ni rois, ni royauté, ni aristocratie, ni poésie classique. Un mélodrame ultra-classique (le mélodrame est le frère de cette tragédie française qui fait notre gloire,) avait tué du même coup Ducis, La Harpe, Campistron, le Charlemagne de cet empire, et même quelques poëtes qui n'étaient pas encore nés alors. Il ne leur restait plus qu'à se faire professeurs d'écriture comme M. Vital, artiste en vingt-cinq leçons, et à faire des chevaux, des Napoléon, des *Androclès et le lion* à la plume ! Ce soir-là, plusieurs demi-dieux s'en allaient en rêvant au sortir des Folies-Dramatiques, et dans leurs grands cœurs entrevoyaient déjà, à travers les brumes du passé, une seconde renaissance de l'art et de la poésie française. C'était Hugo qui rêvait don César de Bazan, ce Callot plus beau que tous les Callot ! C'était Balzac qui mettait déjà sur leurs pieds en imagination les grandes figures de Vautrin et de Quinola ! C'était Delacroix, cet ambitieux toujours tourmenté par l'idée des poëtes, et qui s'est jeté à corps perdu dans l'océan de la couleur, dans l'espoir d'atteindre quelquefois par un effort sublime à la hauteur de la poésie, ce seul art qu'il y ait pour les coloristes ! Enfin, c'était Daumier, ce caricaturiste féroce comme les tigres, Daumier qui retournait dans ses larges mains d'homme du peuple ces figures de Robert-Macaire et de Bertrand, et qui songeait déjà à les faire vivre dans une suite de dessins immortels où la société serait attachée au pilori comme le Christ à son gibet. Les cheveux de Daumier ont blanchi ce soir-là, tandis que du haut de son ciel de carton, Fourier, ce dieu païen, riait d'un rire homérique en regardant tous ces artistes en ébullition, qui croyaient se divertir et qui travaillaient pour son idée ! Il n'y avait pas jusqu'à Henri Monnier qui ne rêvât Jean Hiroux après avoir déjà lancé sur son époque une caricature qui s'appelle M. Prudhomme ! M. Prudhomme, c'est la satire sanglante de la bourgeoisie, et c'est une création plus révolutionnaire que les Iambes de Barbier. Avez-vous retenu cette onomatopée inimitable qui a quatre lignes, pas moins, et qui est plus belle que toutes les onomatopées de Virgile : *Joseph Prudhomme, professeur d'écriture, élève de Brard et de Saint-Omer, expert assermenté près les cours et tribunaux, et qui, pour le moment plaisantait avec la bonne !* C'est M. Prudhomme qui a adressé cette phrase charmante au chignon d'une jeune Normande : *Bonjour, monsieur ! Il paraît que vous n'avez pas fait votre barbe aujourd'hui !* C'est Prudhomme, journaliste, qui, à une table de rédaction, revendique la plume qu'il a apportée lui-même.

— Pardon, monsieur Prudhomme, répond un collaborateur modeste, j'ignorais qu'elle vous appartînt.

— A présent, monsieur, que j'ai constaté mon droit, dit Prudhomme encadré dans les architectures

de son col de chemise, permettez-moi de vous la dé-
dier! Mais en conscience on ne peut pas expliquer
aux bourgeois tout ce que Prudhomme cache d'amertume sous son langage fleuri. D'abord les bourgeois
vous empêcheraient d'entrer à l'Institut; et puis Monnier ne vivrait pas vingt-quatre heures. On inven-
terait contre lui quelque assassinat juridique. On ne
pourra parler clairement et librement de Prudhomme
que dans cent ans. Enfin Bilboquet vint! et ce fut
bien autre chose que Malherbe, je crois! Et ne vous
y trompez pas, quoique Bilboquet comparé à Robert-
Macaire, ce soit l'hysope après le cèdre, il y a eu,
comme *démolition*, un grand progrès dans les *Saltimbanques*. En effet, Bilboquet n'a pas eû besoin
d'ensanglanter sa scène pour y saper toutes les choses
adorées autrefois, la musique, l'art dramatique et l'art
du dentiste! Qu'on se rappelle et qu'on médite ces
phrases décisives :

*Tu joues un peu du violon. Es-tu seulement de la
force de Paganini?*

L'art dramatique est dans le marasme!

*Cette femme qui t'aimait beaucoup, y consentit
facilement.*

Un père aussi enrhumé que moi!

Ce père enrhumé, quel coup porté à la Famille!
même après la phrase épique de Robert-Macaire sur
les cheveux blancs : *Je n'en ai pas, mais je pourrais
en avoir.* Qu'eût dit Bossuet?

Et dire qu'il y a des gens qui jouent encore du
violon! S'il est vrai, comme le prétend Victor Hugo.
que l'avenir traduise toujours par une loi vivante et
armée du glaive des idées des grands poëtes, voici

quelle sera, dans le Code de l'avenir, la traduction de
la phrase sur Paganini :

LOI.

Art. 1ᵉʳ. Tout individu soupçonné de jouer d'un
instrument quelconque encourra la peine de mort.
(Car il vaut mieux guillotiner un instrumentiste que
d'acquitter vingt innocents.)

Art. 2. Les pianistes seront conduits sur le lieu du
supplice pieds nus et la tête couverte d'un voile noir.
Leurs deux mains seront coupées. Il leur sera fait lecture de leur arrêt et d'un feuilleton de M. Escudier,
après quoi justice sera faite.

Mais quittons cette rêverie ! En même temps que
Bilboquet faisait sa révolution musicale, il faisait aussi,
et hardiment et sans peur, sa révolution littéraire.
Car ce fut la première fois que l'ampleur, la liberté
d'action et le grandiose épique du théâtre grec eurent
droit de cité sur notre scène. Cela prouve que, comme
l'a dit le plus populaire de nos poëtes, la France est
révolutionnaire ou elle n'est rien. Et quel autre peuple
eût osé faire une comédie grotesque et ruisselante de
comique avec ces deux terribles machines appelées
la Justice et la Guillotine ? Cependant, cette saynète
sanglante existe, conservée dans la mémoire des
hommes, et dite avec génie par Henri Monnier ou
par Tisserant. Figurez-vous que, dans cette farce
inénarrable, la scène varie de la cour d'assises au cabanon, du cabanon à l'échafaud, et, (voyez le côté
terrible,) le condamné est enroué ! Et à travers tous

les épisodes funèbres de la robe noire et du couteau, il lance continuellement cette plainte monotone, articulée par une voix que l'eau-de-vie et les désillusions ont brisée :

Quel *embêtement* d'être enroué comme ça !

Mais j'allais me laisser entraîner à raconter des bribes de ce poëme qu'il ne faut pas raconter et qu'il faut connaître cependant, puisque c'est un chef-d'œuvre, bien que la lecture en soit impossible pour les jeunes personnes. Oui, cette épopée de la hache est sublime d'un bout à l'autre, depuis l'exposition, où, à la question du président :

— Accusé, pourquoi avez-vous porté quinze coups de couteau *à la personne* du malheureux Bernard ?

Jean Hiroux répond :

— Mon président, il était grêlé !

Jusqu'à cette réclamation plus remplie de terreur que tout le Prométhée d'Eschyle :

— Je veux du son propre ? ça, c'est de la sciure de bois ; le gouvernement me *doit* du son propre !

Quelle tragédie que celle dans laquelle les condamnés à mort connaissent le programme de leurs devoirs et de leurs droits ! Si j'avais l'honneur d'être ministre de l'instruction publique, je prierais M. Tisserant ou M. Monnier d'écrire JEAN HIROUX, et cet exemplaire unique, je le ferais relier par Capé, et je l'enfermerais dans un coffre de fer de Huret, et je le ferais enterrer pour les générations de l'avenir au Père-Lachaise, sous un monument splendide. Cependant, ne riez pas de ce théâtre de sang et de boue ! Les révolutions littéraires ne se font pas avec du sucre candi, et elles ne sauraient que tirer de la fameuse formule, *arra-*

cher les dents sans douleur! Toutes ces violences ont été utiles en leur temps pour tuer tout à fait les vieilles poétiques, avant qu'une poésie calme, forte et sereine nous fût inspirée par la religieuse contemplation de la nature, et par l'adoration de la Beauté humaine.

FRÉDÉRICK LEMAÎTRE

Certes les hommes polis, bien élevés, ayant même quelque teinture des lettres, peuvent être, quoi qu'on ait dit, d'excellents comédiens. Talma, Lekain, Baron, Molé, Fleury, Firmin et Menjaud lui-même ont rendu illustre ce type de comédien grand seigneur qui porte le manteau fleurdelisé comme un roi, et l'habit à paillettes comme un gentilhomme. Ce comédien-là fait vivre, et explique avec intelligence et avec esprit la poésie des maîtres illustres comme la poésie la plus médiocre des maîtres secondaires. Il a emprunté à la société qui l'entoure son langage, son habit, ses élégances et le meilleur de ses vices. Il pourrait, sans

aucun scandale, porter son théâtre dans le monde,
comme il a porté le monde sur son théâtre. C'est le
comédien digne, choisi, officiel.

Mais ce comédien de sac et de corde qui tire lui-
mème de son cœur sa propre comédie, ou qui la ramasse le long des chemins et qui la fait vivre avec
son souffle puissant ; l'artiste *en dehors,* qui est à la
fois un empereur et un vagabond, un bouffon comme
Deburau et une muse comme mademoiselle Faucit,
cet instrument à la fois trivial et sublime, qui est une
image vivante de la poésie et de la corruption de son
époque, celui-là ne sort pas des salles enfumées du
collége ! Il a fallu bien autre chose que la main trem-
blante d'un pédagogue pour pétrir cette grande statue
d'argile et d'or !

Celui-là, regardez-le, écoutez-le ; quel spectacle ! Il
frémit et vibre sans cesse comme le violon de Paganini ; sublime ou ridicule, à toute heure un enthousiasme quelconque fait frémir sa lèvre, ouvre sa na-
rine, roidit sa crinière de lion. Il porte son habit de
commis voyageur comme Achille son armure d'or ;
il pleure et prie comme sainte Thérèse ; il insulte les
dieux comme Ajax ! Il ramasse des loques avec ses
mains blanches, il les teint de son sang, de ce sang
qui coule toujours à son flanc par quelque blessure
ouverte, et il s'écrie plein d'orgueil : « Voilà de la
pourpre ! » Et à ce moment-là, pour une heure ou
pour une minute, ces loques deviennent de la pourpre
en effet, le fer-blanc brille comme toute une constell-
lation, l'ignoble bouchon de carafe taillé à facettes
brille, lui aussi, comme toutes les mines de Gol-.
conde !

Pour ce comédien de carrefour, rien n'est trop bon
ni trop mauvais. Il avale dans la même coupe le vin
de Johannisberg et le vin bleu, le lyrisme de Victor
Hugo et l'argot de la rue aux Fèves ; son âme, comme
si elle était en effet l'âme de l'humanité, peut tout
contenir. Il sait qu'on peut tout faire vivre avec l'enthousiasme, avec la colère.

Comme Pierrot, rien ne l'étonne ; comme Gusman,
il ne connait pas d'obstacle. Donnez-lui la strophe
tendre et limpide de Lamartine ou le fougueux *roman-
cero* du quartier Latin, le drame de Prométhée ou le
drame de Jocrisse, toutes les vérités, toutes les nu-
dités, toutes les fantaisies, tous les délires, notre
homme y trouve sa poésie à lui et s'y promène fièrement, les pieds sur les ignobles planches raboteuses,
le front dans les étoiles !

De cette école sublime, si toutefois l'idée du sublime peut s'accoupler à l'idée d'*école*, il ne nous
reste plus qu'un comédien : Frédérick-Lemaître.

Hélas ! les littérateurs ont gâté Frédérick comme
ils ont gâté les Funambules, (moi, tout le second,)
en l'expliquant. Ils ont dit que Frédérick était un
Talma. Par Bobèche, ceux qui ont dit cela en ont
menti Il n'y a eu qu'un Talma, et c'est bien assez.
Enfin, pour second Talma, si vous tenez absolument
à avoir un second Talma, prenez Ligier ! Moi, je vais
vous raconter Frédérick-Lemaître, un conte plus
prodigieux que *Riquet à la Houppe* et la *Fille aux
yeux d'or*.

Un jour que le temps est doux, après avoir dîné
convenablement et pris votre café, de bon café, vous
allez fumer tranquillement un cigare sur les boule-

vards. Vous êtes gai, heureux, bien portant, votre journée de travail est finie, vos souliers ne sont ni trop petits, ni trop grands, vous avez la barbe faite, vous portez au milieu de la foule une âme sereine.

Mais vous passez devant des affiches de spectacle, brunes, grises, rouges, jaune clair, sans compter l'affiche verte des bals, qui voudraient vous déranger de votre doux nonchaloir. Vaines espérances! Vous êtes Parisien, vous connaissez les détours de l'Opéra comme ceux du sérail, les mensonges de la représentation à bénéfice vous sont familiers, le vaudeville d'été n'a plus de secrets pour vous; vous allez passer fièrement.

Cependant, parmi ces affiches dédaignées, une affiche plus audacieuse et plus sympathique vient s'étaler et vivre sous vos yeux, comme si elle avait des bras et des jambes dessinés par Nadar. Cette affiche vous prend par la main, vous attache, vous subjugue, vous retient obstinément par un bouton de votre paletot. Courtisane éhontée, elle vous appelle des plus doux noms, fait l'enfant, vous enivre de parfums pénétrants et de blancheurs d'épaules nues; il faut lui céder. C'en est fait, vous voilà assis à l'orchestre de la Porte-Saint-Martin, derrière M. de Groot.

Il y a d'abord peu de monde, la salle vous semble mal éclairée et laide. Vous attendez Frédérick. Frédérick, c'est-à-dire Oreste, Hamlet, Othello, Roméo, Shylock, Napoléon, Gennaro, le Joueur, Triboulet, Ruy-Blas, tout le théâtre de Shakespere, de Victor Hugo, d'Alfred de Vigny, d'Alexandre Dumas et de Dinaux, qui a presque recommencé le grand Pixérécourt!

Il entre enfin.

O déception ! Quoi ! ce vieux jeune homme coiffé d'un toupet ridicule, cette misère, ces haillons, cette voix fêlée, cette prononciation fausse, ce débris de tant de débris, c'est là Frédérick ! Et d'ennui vous vous retournez pour regarder le public triste de tout à l'heure. Mais quel étonnement ! à la place de ce public commun, clair-semé, ennuyé, il y a là une foule immense, un peuple dompté, courbé, agenouillé sous le charme ! Et à peine vos yeux ont-ils repris la direction de la scène, que votre homme s'est trans-formé.

A présent il est beau, jeune, énergique, taillé comme Antinoüs, fier comme le Cid ! Il a vingt ans. Sa voix claire, harmonieuse, douce et terrible, éclate comme les strophes d'un chant lyrique. On crie, on pleure, on sent avec lui son amour, sa haine, sa colère ; il est véritablement à présent Roméo, Ruy-Blas, Hamlet, prince de Danemark !

Et vous, vous le spectateur indifférent, blasé et égoïste, vous avez envie d'enjamber sur la scène, d'étreindre et d'embrasser cet homme qui a fait danser dans votre âme les spectres de vos anciennes amours ! Ah ! il peut à présent se montrer faux, froid, vieux, commun et ridicule comme tout à l'heure, s'il veut ! qu'importe ? Vous l'aimez. Vous aimerez ses défauts et ses vices comme ceux d'une maîtresse adorée.

Cependant vous vous dites en vous-même qu'avec son lyrisme, sa poésie, son sublime, ce Talma du Par-nasse doit être maladroit, bégueule et aristocrate, comme tous les comédiens, les poëtes, les écrivains sublimes ! Mais bah ! voici que le drame tourne au

comique, et votre Roméo fait Arlequin à rendre pâles
MM. Laurent, Cossard, Bourgeois, Vautier et Derud-
der ! Il touche aux accessoires comme un danseur,
comme un mime expérimenté. Il a la force, la grâce,
l'agileté, la raillerie cruelle, la verve d'échine du clown
Flexmore ! Quoi ? ce sauteur ! Oui, ce sauteur, cet Alcide, cet Hercule du Nord, ce Candler bondissant,
c'est la lyre qui vibrait tout à l'heure, c'est la voix qui
vous a enchanté, c'est la main qui tordait les cordes
secrètes de votre âme.

Mais d'où sort-il donc, cet homme ? Où a-t-il appris,
ce comédien inouï, ce qui fait rire et ce qui fait pleurer, la tragédie, la comédie, le drame, la strophe, l'an-
tistrophe et l'épode, et le saut de carpe ? Dans quel
théâtre, dans quel palais, dans quel carrefour ? D'où
sort-il ! Des vrais théâtres, parbleu ! de ceux où l'on
rit ! de ceux où l'on sanglote ! de ceux où habitent
parmi les blouses la terreur et la pitié de la tragédie
grecque ! des Funambules, du Cirque, de l'Ambigu
surtout, où il déclamait des phrases comme celle-ci,
en maillot rouge :

— « L'humble genêt du vallon peut-il s'élever à la
« hauteur du superbe palmier de la montagne ! »

Ah ! c'est que Frédérick n'est pas un Talma ! Frédérick est tout simplement le *dernier des Alman-*
zor !

Vous savez ce qu'on appelle au théâtre *Almanzor.*
(C'est tout l'ordre d'idée exploité par Gavarni dans sa
série les *Coulisses.*) Le bruit, l'emphase, la pompe,
le clinquant, le strass, la déclamation ampoulée, tout
le fatras des amoureux de la reine de Trébizonde,
enfin les *Turcs des rues.* Seulement l'âme, la poésie,

l'intelligence, la force, sont quelquefois dans tout cela, et alors on a Frédérick.

Et alors, ne vous y trompez pas, c'est l'Almanzor qui est dans le vrai. Son strass a raison, sa frisure aussi, son maillot aussi. Car son élégance d'ouvrier estampeur est la vraie élégance du théâtre, son strass est les vrais diamants du théâtre, ses haillons sont la vraie pourpre du théâtre ! Ce qui est faux, (relativement, bien entendu,) c'est la vraie élégance, la vraie pourpre, les vrais diamants ! Tout cela est aussi faux que les vrais arbres qu'on a plantés deux ou trois fois sur la scène, tandis que les arbres roses et bleus de Séchan et de Thierry sont si vrais, aux chandelles !

Maintenant, voulez-vous une preuve matérielle de la grandeur de Frédérick ? Eh bien ! cet homme, qui est comédien à une époque où l'on a si justement reconnu que le préjugé contre les comédiens n'était pas un préjugé, a été discuté, vilipendé, calomnié comme tous les grands poëtes, tous les grands peintres, tous les grands statuaires, tous les grands musiciens. C'est que, comme eux, il a entrevu (de bien plus loin, il est vrai,) les mondes vivants de la couleur et de l'harmonie, ou plutôt il a été lui-même ce que rêvaient ces grands artistes.

Ce qu'il y a de beau et d'admirable à notre époque, qui est l'apothéose de toutes les grandeurs et de toutes les gloires, c'est la façon dont les intelligences supérieures s'attirent entre elles comme des molécules de même nature.

Hugo, hardi dramaturge, arrive, comme Charlemagne, portant dans sa main un monde nouveau, un globe étoilé.

Cependant, il lui faut trouver l'homme qui sera Cromwell, Triboulet, Gennaro, Ruy-Blas. Il trouve Frédérick.

Alexandre Dumas, mal content de la tragédie, voit les artistes anglais et devine Shakspere avec son heureux instinct. Il rêve de faire de Frédérick un Kean et un Macready, et il y réussit. Il songe un jour au géant contemporain, à Napoléon, et Frédérick est encore de moitié dans le rêve.

Enfin le peuple, qui a payé Versailles et Trianon et toutes les splendeurs du Roi-Soleil, veut connaître un jour, en 1845, son poëte Racine, dont les journaux républicains lui ont tant parlé. Il veut, lui aussi, qu'on lui raconte ces sombres tragédies, ces drames sanglants, ces colères en beau langage harmonieux, ces luttes de rois et de princes qui jusque-là n'ont fait pleurer et frémir que des princes et des rois. Lui aussi il veut voir Andromaque pleurer ses dieux domestiques et sa patrie violée et morte, Hermione agiter d'une main convulsive les serpents de la jalousie, Oreste se débattre sous l'Euménide. Il veut s'enivrer de toute cette horreur et toucher de sa main ces furies couronnées de diadèmes.

Quel sera le comédien assez populaire, assez peuple, assez prince cependant, pour représenter un prince de l'antiquité sans choquer ce peuple impatient qui exècre l'antiquité et les princes? Toujours Frédérick.

Ah! quand cet homme sera mort comme Roscius et Préville, un grand sculpteur, le Phidias d'alors, fera avec sa tête un buste magnifique, et, sous ce buste qui sera placé à la Comédie-Française, la Comédie écrira ce vers fait par sa sœur l'Académie pour le plus grand poëte de tous les temps :

Rien ne manque à sa gloire, il manquait à la nôtre.

En ce temps-là les *Baigneuses* de M. Courbet seront oubliées, et même le théâtre de M. Jouhaud et le théâtre de M. Scribe, et même le petit livre que j'ai le plaisir de transcrire à l'heure qu'il est pour mon cher éditeur Michel Lévy.

ÉPILOGUE

UTOPIES SUR LA COPIE

FRAGMENT D'UNE CONVERSATION PARISIENNE

Il était dix heures du matin ; comme tous les jours à la même heure, on causait littérature et beaux-arts chez Verdier, le grand critique, tandis que cet omniarque de la presse polissait ses dents d'ivoire avec les cent mille gammes de brosses molles et dures, disposées en flûtes de Pan, que tout Paris lui connait. Louis, l'immortel Louis, serré dans sa casaque de Scapin, essuyait silencieusement le flacon de vieille eau-de-vie. Il y avait là le fameux romancier Joseph d'Estienne, le poëte Émile de Nanteuil, le vaudevilliste Maupin, membre de l'Académie française, et Simonet, l'Ajax de la petite presse. On fumait de bons cigares.

. . . .

— Messieurs, s'écria Verdier, toujours plus rose,

fleuri et florissant sous son célèbre bonnet de coton, immuable comme les dieux, au nombre des maux qui affligent l'espèce humaine, il faut placer au premier rang...

— L'usage de se faire la barbe, interrompit le vieux Maupin. J'ai vu ça chez un coiffeur de la rue de Valois.

— Il faut, reprit Verdier, placer au premier rang la nécessité de faire de la copie. (Louis, versez de l'eau-de-vie à **M.** Maupin; il se taira peut-être, je l'espère du moins.)

— Oh! la copie! fit Joseph d'Estienne en caressant son front olympien et sa bouche rabelaisienne, la copie! Ce n'est pas la mer à boire; moi qui vous parle, j'ai trouvé le joint.

— Ah! comment vous y prenez-vous? demanda Verdier.

— Mais très-simplement. J'ai un sujet de roman: un sujet, c'est-à-dire un titre; un sujet pas plus avancé que ne sont les sujets de Maupin, quand il vient crier ici: « J'ai un sujet de pièce! c'est pour Ozy, elle sera tout en rose: robe rose moirée, chapeau rose, mantelet rose, et les bottines en soie rose. Le théâtre représente un bal champêtre. Vous comprenez? »

— Oh! dit Maupin, vous brodez!

— Louis, un second petit verre à **M.** Maupin. Je vous disais donc que j'ai un sujet comme Maupin, c'est-à-dire ceci: *Sœur Marie-des-Anges*, 1 vol. in-18; prix: **3** francs. Voici la situation: on ne veut plus que du Sand, et ma copie baisse: donc il faut que je vende cela très-cher. Je le vends parce qu'il le faut; une fois le livre vendu, il faut bien que je le fasse, et voilà ! ça n'est pas plus difficile que ça.

— Permettez, dit Maupin, cela n'explique pas...

— Messieurs, dit Nanteuil, d'Estienne a le droit de parler légèrement de la copie, lui qui a fait deux cents volumes de chefs-d'œuvre en demeurant de ce côté-ci de l'eau ! Nous-mêmes nous y sommes faits depuis que nous avons de quoi acheter des gants ; mais il y a un âge où c'est très-pénible, l'âge où l'on a encore toutes ses illusions.

— Oh ! murmura Simonet, un moment j'ai cru avoir résolu le problème !

On cria en chœur : « Ecoutons ! écoutons ! » comme dans les mélodrames réalistes. Simonet reprit :

— Nous étions jeunes alors, Nanteuil et moi, et nous demeurions ensemble. Il faisait de la poésie pour les petits journaux, et je faisais du petit journal pour la *Revue des Deux-Mondes*. Nous avions un laquais qui portait la copie aux petits journaux roses d'alors ; cet homme, entièrement *impayé*, était bête, mais bête... comme la portière dont parle Arnal ; il n'avait même pas comme elle le talent de bien parler politique. Ce malheureux était Belge. Nous l'avions fait passer par tous les états d'homme et de quadrupède. Quand nous allions voir une pièce pour en rendre compte dans le *Liégeois Dramatique* ou dans l'*Observateur des Spectacles*, il marchait derrière nous, portant le pot à tabac, pour nous donner dans les entr'actes des cigarettes tout allumées. Nous l'avions même dressé à rester chez nous en notre absence (*mirabile dictu*,) et à faire, par procuration, une cour assidue aux « *lorettes* » qui venaient nous demander. Un jour je m'aperçus que le nommé Baptiste réussissait parfaitement dans cet exercice de force et d'adresse ; c'est alors que j'eus une idée sublime.

— Écoutons ! écoutons !

— Je pensai que, puisqu'on avait dressé Baptiste à devenir un homme aimé, on pouvait bien le dresser à faire de la copie.

— C'est merveilleux ! s'écria Verdier. En fit-il ?

— Il en fit, dit Nanteuil avec une noble satisfaction ; il en fit même beaucoup, et il la portait lui-même. Nous n'avons jamais été plus heureux, Simonet et moi, dans tout notre temps de Bohême. Mon cher, nous avions des mouchoirs de poche blancs tous les jours !

— Et, dit d'Estienne en regardant Maupin de travers, qui donc trancha le cours d'une si belle... copie ?

— Le vers n'y est pas, fit observer Maupin.

Mais Verdier, furieux, cria à Louis d'une voix terrible :

— Louis, vous oubliez M. Maupin !

Et la conversation reprit son cours. Simonet reprit avec un profond soupir :

— Figurez-vous que ce malheureux avait volé le *Dictionnaire des rimes* de Nanteuil ! Nanteuil prétend qu'il s'en sert beaucoup ; mais vous savez que c'est une pose, de sorte que nous avons été assez longtemps à nous apercevoir de la soustraction ; et pendant ce temps...

— *Ohime!* s'écria Verdier, malheureux critique que je suis ! Je vois déjà le dénoûment. Il sera *tragique*, n'est-ce pas ? Pendant ce temps...

— Vous avez deviné! dit Simonet. Pendant ce temps, le malheureux était devenu un *homme littéraire :* il avait fait une tragédie réaliste et l'avait fait recevoir à l'Odéon.

— De sorte que vous dûtes le jeter à la porte? dit Joseph d'Estienne.

— Parbleu! fit Nanteuil. Mais une autre fois nous avons eu une idée encore plus triomphante.

— Qu'est-ce que c'est? demanda Verdier en engloutissant ses mains dans sa veste de soie rayée faite avec une vieille robe de sa femme.

— Voilà, dit Nanteuil. Comme tous les don Juan nés en même temps que la première édition de *Mademoiselle de Maupin*, nous avions pour amantes une certaine quantité de duchesses, toutes plus ou moins irangères, écaillères, brunisseuses, giletières, culottières et artistes dramatiques, comme dans les romans de Paul de Kock.

— Père ou fils? demanda d'Estienne.

— Père et fils, dit Nanteuil. Ces bonnes filles étaient habituées à travailler douze heures par jour t à se nourrir de peu ; nous eûmes l'heureuse idée de monter un atelier de femmes.

— Pour la copie? fit Verdier.

— Superbe affaire! dit le grand romancier. Et comment cela a-t-il fini, puisque, hélas! il faut toujours finir par demander ça?

— De la façon la plus triste! répondit Simonet en versant quelques larmes. Ces malheureuses voulaient que nous les *présentassions* chez George Sand! *Présentassions* est d'elles, bien entendu.

— Messieurs, dit Maupin, on dit que les vaudevil-

listes sont farceurs; mais, *nom d'un petit bonhomme !*
je vous donne ma parole d'honneur que vous autres
littérateurs, vous êtes encore bien plus farceurs que
nous !

— Vraiment ! cria Verdier.

Et il laissa tomber sur le ventre de Maupin un coup
de poing terrible, un coup de poing véritable, comme
aux Funambules.

— Moi, messieurs, dit Joseph d'Estienne avec son
charmant sourire, j'ai vu en ma vie, (il est vrai que je
deviens vieux,) quelque chose de plus étonnant que le
groom versificateur et que l'atelier de femmes pour
la copie !

Un sourire d'incrédulité éclaira tous les fronts.
D'Estienne reprit sans s'émouvoir :

— J'étais encore un *gamin*, et j'avais deux amis.
Ces *mortels*, comme dirait M. Maupin, ces mortels
aimés des dieux ont eu le bonheur de mourir avant
de devenir célèbres ; je ne vous dirai donc que leurs
noms de baptême : Henri et Paul. Henri avait pour
état de faire d'assez jolies *orientales*, que les *Orientales*
d'Hugo ont fait tomber dans le troisième dessous,
comme vous le pensez bien ; quant à Paul, il faisait des
quarts *insignés* de mélodrame et des canards pour les
journaux anglais. Ces malheureux n'avaient qu'une
paire de bottes. (Pardon, Verdier, je n'ose pas dire :
Et quelles bottes !) Après avoir mangé de tout ce qui—
ne se mange pas—à Paris, et s'être donné le choléra
et la fièvre cérébrale par économie, Henri et Paul
firent à eux deux, peut-être mentalement, un très-
beau monologue, qui voulait dire quelque chose
comme ceci : O patrie, ton devoir est de payer notre

pain, notre rotsbeef, notre tabac et nos vices ; tu ne veux pas les payer, tu les paieras !

— Mais, dit Maupin, s'ils étaient deux, ce n'était pas un monologue. Au théâtre, nous appelons monologue...

Verdier cria :

— Louis !!!

D'Estienne continua :

— Ils découvrirent, place de la Bourse, un propriétaire qui probablement ne connaissait pas le fameux vers : « *Aimez qu'on vous conseille...* » et lui louèrent une boutique quittée la veille par un changeur devenu millionnaire. Un de leurs camarades, décorateur habile, vint leur peindre une enseigne sur laquelle on lisait cette inscription, noyée dans une forêt vierge d'ornements :

Henri D... et Paul C..., hommes de lettres, entreprennent, au plus juste prix, tout ce qui concerne leur état.

Dans des cadres d'écrivain public, on lisait : « MM. Henri D.. et Paul C... font vers, prose, ro-« mans, drames, comédies et couplets, aux prix ci-« dessous indiqués. Un commis intelligent se charge « des tragédies au rabais, et traite de gré à gré avec « les personnes.

« On trouve à toute heure des plans de drames, « comédies, romans et vaudevilles sur tous les sujets ; « des scènes sur toutes les situations. En prévenant « vingt-quatre heures à l'avance, on traite des sujets « spéciaux au goût des personnes. »

Suivaient des spécimens avec ces inscriptions :

« Dans ce genre, vingt-cinq centimes la ligne ; dans
« ce genre, dix centimes. » Il y en avait à tout prix.
Au bas de chacun des factums, on lisait : « *Nota*. Le
« réalisme se paie dix centimes en plus. »

— C'était superbe ! Il y avait le côté des hommes
et le côté des dames, et Baptiste se tenait à l'entrée
en grande livrée, prêtée par Léontine, du théâtre
Comte : car Henri et Paul avaient alors le Baptiste
qui devint plus tard votre Baptiste, mon cher Nanteuil. Baptiste[1] est éternel comme Scapin et Mascarille.

— Cette spéculation dut avoir un grand succès, dit
Verdier.

— Très grand, répondit d'Estienne ; si grand, que
la presse s'en émut. Mais la chose finit mal. Henri
avait fait dans le temps je ne sais quel travail sur
l'emploi de la pantomime dans le drame sanscrit ; il
reçut la croix au moment où il s'y attendait le moins,
et fut forcé de renoncer à l'excellent métier qu'il avait
créé. La boutique fermée, Henri alla se faire tuer en
Grèce, et le pauvre Paul, affriandé par la croix de
Henri, se mit à tartiner des travaux sérieux pour les
revues, des tas de bêtises ! Il est mort pauvre et mal-
honnête.

— Mais, objecta Maupin, si l'histoire que vous venez de raconter est véridique, comment expliquerez-
vous que les feuilles publiques n'aient point pris le
soin de relater un fait aussi inusité ?

---

[1] Illustré, et rendu immortel depuis la première publication de cette fantaisie, par la célèbre comédie intitulée la *Vie de
Bohême*.

— Ah! dit Verdier, si vous étiez journaliste vous comprendriez ça.

— Mais, reprit Maupin, comme je suis un auteur comique...

Simonet regarda Maupin avec un sourire amer, et dit avec la mélopée d'Odry :

— Allons donc!

Nanteuil, un moment rêveur, se tourna vers le grand romancier et lui dit avec un peu de mélancolie :

— Ne trouvez-vous pas, mon cher d'Estienne, que si un homme de lettres avait pu conserver la collection complète de tous ses premiers écrits, improvisations étincelantes de petits journaux, pleines de rêverie comique, satires naïves, toutes ces euilles échevelées à tous les vents, cette collection deviendrait pour lui une source de curieux souvenirs et de graves enseignements !

— Oh! dit d'Estienne, tout le monde a essayé. Mais les rudes hivers, les maîtresses qui portent des anglaises, les hôtels où l'on ne paie pas, et le manque d'allumettes chimiques, ne permettent pas de réaliser ce beau rêve.

— Messieurs, dit Maupin d'un air capable, de jeunes littérateurs, destinés peut-être à vous éclipser, me soumettaient l'autre jour cette question épineuse.

— Pourquoi faire? dit Simonet, en souriant comme il sourit :

— Messieurs, leur disais-je, vous êtes ici une dizaine de jeunes écrivains, tous dans une position embarrassée. Que ne louez-vous à frais communs une chambre d'hôtel garni du prix de vingt-deux francs?

Celle-là vous la paieriez exactement, et vous y déposeriez vos archives.

— Voilà, dit Verdier, le premier mot spirituel de Maupin.

— Mais, dit Simonet, puisque ça serait dans un hôtel garni, il y aurait un lit dans la chambre.

— Sans doute, répondit Maupin.

— Et si l'un des coassociés se trouvait sans domicile, il viendrait y coucher, n'est-ce pas?

— Mais, dit Maupin, je n'y vois aucun inconvénient.

— Ni moi. Seulement les dix jeunes littérateurs qui doivent nous éclipser un jour viendraient nécessairement chaque soir coucher tous les dix en ménage dans la chambre des archives; et les dames feraient des papillotes avec les archives.

. . . .

Chacun resta étonné de la profondeur de Simonet. On alluma de nouveaux cigares et on rêva quelque temps en silence aux histoires singulières qu'on venait d'entendre. Maupin venait de succomber à l'envie de dormir qui le poursuit éternellement. Ce vieil immortel, qui prêtera sa tête à Auguste Préault pour une statue symbolique du Sommeil, dormait comme il dort à l'Académie les jours où le savant M*** laisse couler de ses lèvres une éloquente improvisation contre l'orthographe de Voltaire.

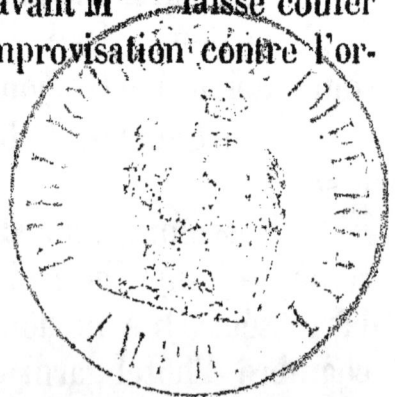

FIN.

TABLE

---

www.ingramcontent.com/pod-product-compliance
Lightning Source LLC
LaVergne TN
LVHW050645090426
835512LV00007B/1048